O FLUXO E A CESURA

CONSELHO EDITORIAL

André Luiz V. da Costa e Silva

Cecilia Consolo

Dijon De Moraes

Jarbas Vargas Nascimento

Luís Augusto Barbosa Cortez

Marco Aurélio Cremasco

Rogerio Lerner

Blucher

O FLUXO E A CESURA

*Um ensaio em linguística,
poética e psicanálise*

Paulo Sérgio de Souza Jr.

O fluxo e a cesura: um ensaio em linguística, poética e psicanálise
© 2023 Paulo Sérgio de Souza Jr.
Editora Edgard Blücher Ltda.

Publisher Edgard Blücher
Editor Eduardo Blücher
Coordenação editorial Jonatas Eliakim
Diagramação Taís do Lago
Produção editorial Thaís Costa
Preparação de texto Ana Maria Fiori
Revisão Danilo Villa
Capa Laércio Flenic
Imagem da capa Diagrama utilizado no Cap. 4, "O valor linguístico", do *Curso de linguística geral* de Ferdinand de Saussure, estabelecido por Charles Bally e Albert Séchehaye (1916).

Blucher

Rua Pedroso Alvarenga, 1245, 4º andar
04531-934 – São Paulo – SP – Brasil
Tel.: 55 11 3078-5366
contato@blucher.com.br
www.blucher.com.br

Segundo o Novo Acordo Ortográfico, conforme 5. ed. do *Vocabulário Ortográfico da Língua Portuguesa*, Academia Brasileira de Letras, março de 2009.

É proibida a reprodução total ou parcial por quaisquer meios sem autorização escrita da editora.

Todos os direitos reservados pela Editora Edgard Blücher Ltda.

Dados Internacionais de Catalogação na Publicação (CIP)
Angélica Ilacqua CRB-8/7057

Souza Jr., Paulo Sérgio de

O fluxo e a cesura : um ensaio em linguística, poética e psicanálise / Paulo Sérgio de Souza Jr. -- São Paulo : Blucher, 2023.

182 p. il.

Bibliografia
ISBN 978-65-5506-342-4

1. Linguística 2. Poesia I. Título

22-7135	CDD 410

Índice para catálogo sistemático:
1. Linguística

A inventa o floare
[1968]

III

Orice cuvânt este un sfârșit,
orice cuvânt din orice limbă este un strigăt
de moarte

al unei specii, din nesfârșitele specii
care au murit fără să se mai nască,
făcându-ne loc, nouă, singurilor, primilor
care ne-am născut.

– Nichita Stănescu (1968, p. 111)

Inventar uma flor[1]

[1968]

III

Cada palavra é um fim,
cada palavra de cada língua é um grito
de morte

de uma espécie, dentre infinitas espécies
que morreram sem tornar a nascer,
abrindo espaço para nós, os únicos, os primeiros
a nascermos.

– Nichita Stănescu [1933-1983]

---

[1] Ao longo deste trabalho, as traduções dos textos citados e consultados noutros idiomas são de minha responsabilidade.

Conteúdo

Prefácio   11

Apresentação   17

Introdução   27

1. A Medusa e o espelho: Ferdinand de Saussure e a diferença 41
2. Tântalo e a iminência: Roman Jakobson e a simetria   73
3. Cassandra e o porvir: Jacques Lacan e o poético   123

Referências bibliográficas   145

Ilustrações   163

Índice onomástico   165

Índice remissivo   171

Recorte de *Echo* (Eco), gravura de Cornelis Bloemaert (1603-1692),
a partir de Abraham van Diepenbeeck (1596-1675)
Fonte: Marolles, M. de (1655). Livre V: Les avantures de l'air et des eaux.
In *Tableaux du temple des muses*. Paris: Antoine de Sommaville.

Prefácio

Seria este um prefácio ou uma advertência ao leitor? A pergunta não é retórica. O livro que a suscita subtrai-se a tentativas de enquadrá-lo quer em um determinado gênero ou estilo, quer em uma área do conhecimento. E, surpreendendo pela originalidade do olhar com que seu autor varre língua e linguagem para chegar à poesia, apresenta não só o que a poesia revela dos riscos a que submete língua e linguagem, mas também, em sua vizinhança com a loucura, a que submete o próprio humano que as habita.

Riscos vão certamente na direção contrária à dita beleza do verso e apontam para a outra face da linguagem, aquela de que somos servos, ainda que nos empenhemos a brandi-la como senhores. É mesmo a essa outra face da linguagem que aludem as figuras mitológicas que Paulo Sérgio de Souza Jr. inscreve no título de cada um dos três capítulos deste livro ("A Medusa e o espelho", "Tântalo e a iminência", "Cassandra e o porvir") para apontar o castigo que incide sobre quem, por seus dons, atiça a inveja ou a ira dos deuses; enfim, os ameaça. Constituiria a poesia uma ameaça à língua?

12 PREFÁCIO

Apesar de este livro ter sido originalmente uma tese de doutorado apresentada e defendida no Departamento de Linguística do Instituto de Estudos da Linguagem da Universidade Estadual de Campinas, em 2012, seu autor, logo nas primeiras páginas, apressa-se em dissuadir o leitor. Na sua tese, diz ele, uma tese estará em falta, já que os argumentos que nela se tecem "deixam sempre à mostra o fio que os desata". Por isso mesmo, se o subtítulo da tese em 2012 era "um ensaio sobre linguagem, poesia e psicanálise", o subtítulo deste livro é "um ensaio em linguística, poética e psicanálise". E o que se alterou com a mudança da preposição *sobre* para a preposição *em* não foi o texto que ora se apresenta, mas a posição que Souza Jr. veio a reconhecer que era a sua: não a de quem tece argumentos a partir de uma posição externa, mas a de quem, ao tecer, está tão emaranhado no que tece quanto os fios que emaranha.

Isso vale de igual modo para os campos – linguística, poética, psicanálise – que, ao aproximar, ele separa, fazendo com que um interrogue o outro, barrando continuidades para, em seguida, suspender fronteiras. É que, longe de ver a poesia em continuidade com a língua ou como seu excedente estético, o que, na verdade, conduz sua investigação é uma pergunta sobre a língua formulada a partir da poesia: como a língua se faz (de) poesia? Ou, parafraseando Jean-Claude Milner ao perguntar o que é a língua se a psicanálise existe: o que é a língua se a poesia existe/ex-iste?

Ainda que Souza Jr. confesse ser esse autor quem o inspira a fazer do amor da língua um motivo para pôr a integridade desta à prova da poesia, quem rege as muitas vozes que no livro se cruzam para dizer da ruptura que a poesia opera na língua ou para testemunhar sobre a poesia são três figuras singulares no que diz respeito ao modo como responderam ao poético enquanto provocação. São eles dois linguistas insignes (Ferdinand de Saussure e Roman Jakobson) e um psicanalista não menos insigne (Jacques Lacan): é a partir de cada um deles que o autor encara as entranhas do poético. E ele não deixa Jakobson falar sozinho, nem Lacan: coloca-os para conversar, responder, contestar, acrescentar e argumentar com Foucault, Brisset, com filósofos, poetas e loucos, sobre língua, linguagem e poesia. O autor se aproxima daqueles que se voltaram para o que há aí de perturbador não para colher deles um saber sobre o poético, mas como testemunhas do que na língua convoca a escutar *outra palavra*.

No seu ofício de tradutor e, mais ainda, de tradutor de psicanálise e poesia, Paulo tem escutado as línguas do mundo, isto é, tem exposto seu ouvido – seu corpo? – a suas ressonâncias. Seria desse seu trânsito pela poesia, por sonoridades destinadas a pousar em sua língua materna – uma língua nesses momentos ainda e quase materna, designada como Português do Brasil –, que nele nasceu esse duplo movimento de tornar-se linguista e, ao mesmo tempo, autorizar-se como psicanalista? De submeter a língua às suas leis e de reconhecê-las subvertidas pelas singularidades das formações do inconsciente? De colocar-se diante da poesia como algo que brota da língua, faz parte dela, mas a faz não toda, desfazendo seu tecido, privando-o de sua referencialidade; algo que põe o sentido à mercê do som, e não o som à mercê do sentido?

É isso que me parece estar em questão em um momento do penúltimo seminário de Lacan, *O momento de concluir* (1977-1978), em que ele afirma algo que, como este Prefácio, é também uma advertência de perigo e urgência: "Se eu disse que não há metalinguagem, foi para dizer que a linguagem não existe. Não há senão suportes múltiplos de linguagem que se chamam lalíngua, e que o que seria preciso mesmo é que a análise chegue a desfazer pela palavra o que foi feito pela palavra".

Claudia Thereza Guimarães de Lemos
Campinas, 28 de fevereiro de 2022

Recorte de *Les Sirènes* (As sirenas), gravura de Cornelis Bloemaert (1603-1692)
Fonte: Marolles, M. de (1655). Livre IV: Les Iumeaux & les Dieux-Marins.
In *Tableaux du temple des muses*. Paris: Antoine de Sommaville.

Apresentação

> *Nel mezzo del cammin di nostra vita*
> *mi ritrovai per una selva oscura,*
> *ché la diritta via era smarrita...*[1]

É a um pedaço de folha rasgada que Ferdinand de Saussure irá confessar, no rascunho interrompido de uma carta não datada e posteriormente compilada entre seus originais, a resistência que se instalava junto ao percurso de abordagem do seu objeto de estudo. Podemos começar a vislumbrar aí o alto preço que lhe era cobrado quando, no intuito de produzir um conhecimento sistemático e mais rigoroso no âmbito da disciplina em que se inscrevia (a gramática histórico-comparativa), insistia em supor no campo da linguagem um objeto merecedor de uma disciplina autônoma:

---

[1] "No meio do caminho desta vida/ eu me encontrei por uma selva escura/ em que a estrada devida era perdida" (D. Alighieri, *La divina commedia – Inferno*, Canto I).

18 APRESENTAÇÃO

> *tenho um horror doentio pela pena, e ... esta redação me causa um suplício inimaginável, completamente desproporcional à importância do trabalho. Para mim, quando se trata de linguística, isto é acrescido pelo fato de que toda teoria clara, quanto mais clara for, mais inexprimível em linguística ela se torna, porque acredito que não exista um só termo nesta ciência que seja fundado sobre uma ideia clara e que assim, entre o começo e o fim de uma frase, somos cinco ou seis vezes tentados a refazê-la (F. de Saussure, apud Starobinski, 1971/1974, p. 11).*

As dificuldades em jogo no trato com a linguagem podem, no entanto, ser encaradas de maneiras diversas por aqueles que sobre ela se debruçam como observadores de seus mecanismos, com vistas ao estabelecimento de um saber. Nesse sentido, é bem possível desembocar numa certa indignação com a indeterminação à qual as línguas muitas vezes condenam o estudioso, suscitando que se diga, por exemplo, que "a linguagem é uma mercadoria tão vulgar e tão vil" que "há mais dificuldade em interpretar as interpretações do que em interpretar as coisas, e mais livros sobre os livros do que sobre outro assunto": em resumo, que nós "não fazemos senão nos entreglosar" (Montaigne, 1595/2000, vol. 3, p. 428, trad. modificada).

Todavia, há quem declare enxergar nisso algum fascínio. Nesse caso, acontece de o arrebatado pela língua subverter determinados pressupostos teóricos ou se ver coibido de aceitar certos pontos que, no mais das vezes, não teria suposto necessário – ou até conveniente – levar em conta na análise. É o que se pode apontar notadamente, por exemplo, a partir das reformulações incessantes dos trabalhos de John Langshaw Austin, movimento que pouco antes de sua morte culminaria, a respeito do limite entre linguística e filosofia, em observações que denunciam um extraordinário alargamento do panorama: "onde está a fronteira? Há uma em alguma parte? Você pode colocar esta mesma questão nos quatro cantos do horizonte. Não há fronteira. O campo está livre para quem quiser se instalar. O lugar é do primeiro que chegar" (Austin, 1958/1998, p. 134).

Noutras palavras, a resistência severa e atuante na construção de saber sobre o material linguístico pode ora constituir uma barreira, ora suscitar a incorporação de novos elementos a serem estudados pela disciplina, ainda que a concretude dos contornos nesses impedimentos e transições não seja muito exatamente afiançável, e tampouco sejam sempre manifestos os elementos que aí interatuam. Em todo caso, se esses elementos outrora limítrofes são capazes de encontrar espaço e sob que condições eles o fazem trata-se, porém, de outras questões. Afinal, sobretudo no que tange ao âmbito das ciências, vale ressaltar a afirmação lacaniana segundo a qual, nele, todo discurso a respeito da língua apresenta-se por meio de uma redução do material – redução que acaba fatalmente por rasurar o objeto teorizado (Lacan, 1968-1969/2008b, p. 34).

Não é por menos que Émile Benveniste afirmava que a mudança fundamental instaurada na linguística estaria justamente no reconhecimento de que a descrição necessária da linguagem como uma estrutura formal exigia o estabelecimento de procedimentos e critérios que fossem adequados, mas que a própria realidade do objeto não podia muito justamente ser separada do método de que se valeria para defini-lo – como, aliás, o próprio Saussure já havia asseverado (Benveniste, 1962/1976, p. 127; Saussure, 1916/1972, p. 15).

No entanto, passamos longe de estar diante de uma mera relação de amoldamento, em que o objeto tão simplesmente se adornaria conforme os ditames investigativos da voga teórica. E isso não apenas porque teríamos aí algo da ordem de um palimpsesto – dado que a rasura deixa vestígios –, mas também porque, no caso da língua, o método vai afetar um objeto pelo qual invariavelmente terá sido desde sempre afetado. Basta lembrarmos que a própria língua, afinal, antes mesmo de ser objetificada, habita todo e qualquer artifício humano de que se disponha para analisá-la, configurando uma espécie de recursão que descreve um ponto cego estrutural: só se fala da linguagem *na* e *pela* linguagem, sem que qualquer exterioridade seja possível.

Assim, há diversos momentos em que o objeto se faz ver teimando em tomar as rédeas, ditar as regras e desmantelar o aparato descritivo que procura segmentá-lo e descrevê-lo; algo nele, por assim dizer, resiste ao suposto exterior sugerido muitas vezes sob o título de *metalinguagem*. E é um caso como esse, por sinal, que suscita o presente texto: tendo em vista um abatimento que acreditamos ser constitutivo – na medida em que, como alertado acima, em termos de língua, a ciência pode faltar (Milner, 1978/2012, p. 9) –, nos veremos aqui diante de uma questão que diz respeito ao âmbito de um desconto bastante específico nos estudos linguísticos, a saber: o poético.

Convém articular em que medida a instância poética encarna um *granus salis*, um grão de sal para a ciência da linguagem: ou é por ela considerada uma excrescência, ou resta forçosamente diluída nos humores do uso cotidiano da língua, como um dado capaz de ser encerrado num conjunto que se pretende uma totalidade, homogeneizado entre outros em favor de uma estrutura esperançosamente sólida – ao passo que, com Jacques Lacan, o poético chega decisivamente a constituir, enquanto ruptura, uma esfera indispensável à reflexão psicanalítica.[2]

---

[2] Segundo ele, uma vez descoberto o inconsciente, era difícil não entrar na linguística (Lacan, 1972-1973/2008c, p. 22). Porém, cinco anos mais tarde, diria o seguinte: "que vocês sejam eventualmente inspirados por alguma coisa da

O FLUXO E A CESURA 21

Impõe-se, em todo caso, uma particularização do poético em meio a outras manifestações da linguagem. Nesse sentido, suscitado pelo que, em *O amor da língua*, Jean-Claude Milner chama de "ponto de cessação", este trabalho tange distinções consideradas importantes, realizadas de modo a problematizar a questão; além de fazê-lo com o próprio termo, que parece reunir fenômenos radicalmente diversos em sua natureza e merecedores, por fim, de um maior detalhamento. Para tanto, antes de mais nada é preciso advertir: abandonemos, autor e leitor, a esperança de ver construída e sustentada nas próximas páginas *uma* tese (θέσις [*thésis*], "posição"), na medida em que o trabalho de tecer os argumentos deixa aqui sempre à mostra o fio que os desata; assim como a fragilidade do texto – dada a franca multiplicidade de olhares possíveis buscando se triangular – esburaca com a pluralidade, muito mais do que tampona aquilo que eventualmente se poderia preferir estancado.

Num movimento contrário, entretanto, ressalvemos também a própria ressalva. Haja vista o fato de o entusiasmo na preparação destas elaborações ser a expectativa de roçar, por meio delas, algo de real e verídico sobre a linguagem, bom será se alguma coisa que aí resiste a ser capturada venha ceder à escrita – ainda que seja, por vezes, "mais fácil descobrir uma verdade do que lhe assinalar o lugar que lhe cabe" (Saussure, 1916/1972, p. 82); e muito embora ela, a verdade, seja aqui entendida precisamente como variável, a *varidade* de que falava Lacan (1976-1977, sessão de 19 de abril de 1977). Porém, se for o caso de algum êxito, sabe-se de antemão

---

ordem da poesia para intervirem, . . . é justamente rumo a isso que é preciso que se voltem, porque a linguística acaba sendo uma ciência . . . muito mal- -orientada. Se a linguística vinga, é na medida em que um Roman Jakobson aborda francamente as questões de poética. A metáfora e a metonímia só têm importância para a interpretação enquanto capazes de fazer função de outra coisa. E essa outra coisa de que elas fazem função é bem isso pelo qual se unem, estreitamente, o som e o sentido" (Lacan, 1976-1977, sessão de 19 de abril de 1977).

22 APRESENTAÇÃO

que, em direção ao que se der à letra, correremos com afinco para socorrer o sentido e nele encontrar apoio... mesmo cientes de que as palavras fazem soçobrar paredes que elas próprias levantam.

A despeito disso, nesse ínterim, que a tensão seja mantida de qualquer sorte. Tensão que é esteio da mitologia; síncope que nomeia as seções deste texto, escandindo e unindo o expediente da górgona e sua própria desgraça (Cap. 1), a ousadia do rei e sua danação (Cap. 2), o dom da profetisa e sua desditosa verdade (Cap. 3). Assim, se desvendarmos algo, que seja apenas de esguelha que possamos avistar aí alguma beira.

> ... *tanto ch'i' vidi de le cose belle*
> *che porta 'l ciel, per un pertugio tondo.*
> *E quindi uscimmo a riveder le stelle.*[3]

---

[3] "... até que vi dali coisas tão belas/ que porta o céu, por uma cava curva./ E então saímos a rever estrelas" (D. Alighieri, *La divina commedia – Inferno*, Canto XXXIV).

Recorte de *Pan & Syrinx* (Pã e Siringe), gravura de Cornelis Bloemaert (1603-1692)
Fonte: Marolles, M. de (1655). Livre II: Les Amours des Dieux & des hommes.
In *Tableaux du temple des muses*. Paris: Antoine de Sommaville.

Introdução

There is a crack in everything/
That's how the light gets in.[1]

Leonard Cohen, "Anthem", 1992.

Como mencionado, são diversas as formas possíveis de abordar os entraves encontrados por Ferdinand de Saussure e compartilhar dessa sua confissão. Assim, há quem diga que tais dificuldades no trato com as línguas naturais provenham do próprio conteúdo analisado, em sua materialidade: do fato, por exemplo, como afirmam Françoise Gadet e Michel Pêcheux, de que suas marcas sintáticas "são essencialmente capazes de deslocamentos, de transgressões, de reorganizações" (Gadet & Pêcheux, 1981/2004, p. 24). Considerações como essa, que parecem evocar a *linguagem* "multiforme e heteróclita" de Saussure (1916/1972, p. 17), procurarão ver nas próprias línguas – entendidas como entidades delimitáveis – e em seu funcionamento os percalços no processo de constituição de um saber. E o

---

[1] "Há uma fenda em toda parte/ É assim que a luz invade."

28 INTRODUÇÃO

teórico, sob esse ponto de vista, será consequentemente entendido como aquele que vai padecer das dificuldades que essas entidades lhe venham a apresentar.

Outros estudiosos, como é o caso de J.-C. Milner, na esteira da doutrina psicanalítica, reconhecem o advento desses entraves na sempre potencial obliteração do *todo* da língua, uma vez que esta "não se restringe a uma territorialização operada para fins de conhecimento" – o que seria atestado pelos lapsos e chistes, pelas próprias associações, ou ainda pela "pura possibilidade da escuta analítica" (Milner, 1978/2012, p. 66). Dito isso, a dificuldade em teorizar sobre as línguas naturais também pode ser atribuída à iminência constante da insinuação, na cadeia significante, do sujeito do inconsciente: evidencia-se nela uma incisão e inscreve-se aí, a despeito daquele que fala, um algo *a mais* – para além da língua enquanto sedimento social ou dispositivo biológico. E o falante pode então ser entendido como alguém que não está livre de sucumbir ao fato de que a língua, ultrapassando seu eu, pode falá-lo. Logo, os impasses teriam lugar não na língua enquanto entidade, mas na indissociabilidade da linguagem e do uso: na resistência que se apresenta ao gesto de separação da língua, como ferramenta e objeto teórico possíveis, do corpo que fala e se constrói sob seus efeitos (Souza Jr., 2019).

Tanto num caso quanto no outro, porém, antes de pensarmos na resistência, é preciso que tratemos minimamente da operação.

~

No histórico das observações sobre a linguagem, uma vez conduzidos aos primórdios das reflexões ocidentais sobre as línguas, já seríamos capazes de depreender a existência daquilo que parecerá menos uma rubrica administrativa no campo da linguística moderna do que uma espécie de pendor geral das abordagens:

trata-se do isolamento e classificação de componentes – por exemplo, a identificação de *palavras* e seu arranjo em *partes do discurso*, na Antiguidade Clássica –, fato que chama invariavelmente nossa atenção para a tentativa de um trabalho de análise, no sentido etimológico do termo, isto é, de *fracionamento*.

Como toda atividade investigativa costuma impor ao seu foco de interesse, o encontro com o imperativo da separação em unidades pareceu também aqui inevitável. A produção de conhecimento nos estudos da linguagem foi, então, atrelando-se progressivamente à possibilidade de ver na língua uma espécie de feixe de fios – e, adiante, fios compostos por camadas – com funções que possuem alguma independência entre si; ou, uma vez interdependentes, que ainda são passíveis de isolamento, tendo em vista um estudo que se faça cada vez mais detalhado e, dentro de uma determinada lógica de êxito teórico, consequentemente mais eficaz. A partir daí será possível falar em traços, fonemas, morfemas, palavras, frases, texto, discurso. E com isso estamos no universo dos níveis, noção entendida como essencial na determinação do procedimento analítico; afinal, nas palavras de Benveniste, só ela seria "própria para fazer justiça à natureza *articulada* da linguagem *e ao caráter discreto* de seus elementos; só ela pode[ria] fazer-nos reconhecer, na complexidade das formas, a arquitetura singular das partes e do todo" (Benveniste, 1962/1976, p. 127).

É preciso, de saída, caracterizar essa possibilidade naquilo que ela guarda de semelhante ao modo por meio do qual o engenho humano vem tradicionalmente abordando seus objetos de curiosidade – quer o seu próprio corpo, quer aquilo que o cerca –, uma vez que ela não escapa de uma espécie de analogia com as ciências biológicas: o que parece estar aí em jogo é justamente a necessidade de fazer como que o levantamento anatômico de uma língua natural, seguido da descrição do relacionamento fisiológico entre as suas

30 INTRODUÇÃO

porções constituintes. Mas atentemos para o fato de que, tal qual salientado por Bernard Cerquiglini (1993/2020), "em uma língua não há brânquias, barbatanas ou asas", há apenas "domínios (sintaxe, léxico, semântica etc.) heterogêneos, complexos em si mesmos, e que possuem sua historicidade própria" (p. 25).

Desse modo, tal entendimento, apesar de ecoar desde o princípio nas reflexões sobre o campo da linguagem, mostra-se paradoxalmente tanto natural quanto estranho ao objeto em questão, encontrando por vezes pontos nevrálgicos.[2] E é tão patente que haja dificuldades no exercício da manutenção de limites que Noam Chomsky (1965/1978) chegou a afirmar, por exemplo, que "a estrutura sintática e semântica das línguas naturais oferece evidentemente muitos mistérios, tanto no que diz respeito aos fatos como no que diz respeito aos princípios", e que isso, por sua vez, nos mostraria de antemão que "qualquer tentativa de delimitar as fronteiras destes domínios terá de ser certamente muito provisória" (p. 256).

Caso levemos a questão mais adiante, veremos que a aposta no fato de que a língua é feita de *estratos* não se limita à compreensão de um idioma em si mesmo, uma vez que a necessidade de segmentação vigora nas considerações sobre as diversas línguas em suas respectivas histórias: nas tentativas de falar em contato linguístico, em passagem de uma língua a outra, naquilo que se pode chamar de morte e no que se entende por surgimento de uma língua nova, por exemplo. Ao mesmo tempo, contudo, o fracasso está também aí à espreita: afinal, como observa Daniel Heller-Roazen (2005/2010), um idioma "não conhece períodos ou capítulos; seu movimento é, em todas as suas esferas, tão contínuo quanto complexo, e é difícil ver como os linguistas poderiam excluir, ao menos a princípio, a possibilidade de um substrato estranho em seu objeto" (p. 75).

---

[2] A esse respeito, vale lembrar a crítica lacaniana a André Martinet e sua *dupla articulação*. Cf. Lacan (1971/2009, p. 45).

Mas seria possível, então, abdicar da suposição da existência de estratos linguísticos passíveis de serem estudados individualmente e, como tais, capazes de fornecer um conhecimento sobre uma língua? Prescindir desse conhecimento constituído por unidades articuláveis, que, em seu conjunto, estariam em condições de compor um simulacro de saber sobre cada uma das línguas naturais, ainda que reste nisso um substrato estranho? Do ponto de vista da teoria, é fato que, caso se partisse do princípio de que as línguas não fossem analisáveis, o papel da linguística se reduziria à taxonomia de linguagens não articuladas; e o linguista, a um nomeador de nuvens. Em outras palavras, estaria garantido dizer que à linguística não é lícito operar sem a possibilidade de reconhecer na língua algumas divisões que encapsulem, cada qual, um domínio pretensamente estanque.[3]

Dito isso, é preciso apontar a realização indispensável de algumas exclusões como custo de um investimento teórico possível a fim de que seja mantida a miragem necessária de sempre haver na língua um *todo*,[4] bem como a ilusão de que as segmentações com que se trabalha ocupam sempre o lugar a elas atribuído pela teoria de que se trata. Exclusões incidindo exatamente sobre lugares que marcam uma espécie de confusão entre os tais estratos, sejam eles os níveis de que falava Benveniste, ou até mesmo os substratos, adstratos e superestratos, caso evoquemos a diacronia ou as línguas em contexto. De uma língua natural, então, temos necessariamente de supor que ela seja sempre passível de ser vislumbrada não apenas como *um* todo, mas como um *todo fracionável*, ainda que aconteça

---

[3] No limite dessa afirmação encontramos o programa minimalista de Noam Chomsky, baseado numa economia e numa abstração acentuadíssimas. Cf. Chomsky (1995/1999).

[4] Em Saussure, por exemplo, é justamente a isso que responderá o conceito de *língua*, entendido como o *"que faz a unidade da linguagem"* (Saussure, 1916/1972, p. 18). Cf. Milner (1978/2012, p. 20).

32   INTRODUÇÃO

de não ter como afirmar onde é que tais frações começam ou veem seu fim, tampouco como atribuir congruência às naturezas diversas dos critérios que as distinguem.

Em contrapartida, porém, não se pode concluir por uma total artificialidade nesse entendimento, uma vez que o fato de que haja frações – ou, dito de outro modo, de que haja o *discernível* – talvez deva ser menos considerado pressuposto do que justamente reconhecido. Por fim, parece fatalmente que a sua existência se impõe a partir da própria língua, como nos mostra a noção de partes do discurso, por exemplo, a respeito das quais o importante residiria menos no seu inventário preciso do que no fato, aparentemente incontornável, de que elas sempre têm de ser supostas – afinal, como pondera Milner (1978/2012), "que seja entre nome e verbo que se tenha de fazer a distinção é discutível, mas do fato de que se tenha de distinguir ninguém escapa" (p. 29).

Não é por menos, então, que a *palavra*, esse termo desacreditado, não deixa de ser também entendido como insubstituível (Benveniste, 1962/1976, p. 131). A opacidade que ela carrega não se mostra, pois, suficiente para caracterizar como plausível sua abdicação enquanto marcador e evidência mais "imediatos" do discernível no campo da linguagem. Ademais, a estratificação mostra-se necessária não apenas à teoria, mas à própria conversação ordinária: com os estratos opera o falante, no seu cotidiano, para romper o mutismo, sitiar ele mesmo os equívocos e, com a sorte de algum sucesso, transpor, equilibrando-se nas cordas frouxas da comunicação, o fosso radical que o aparta do outro.

Ainda do lado do teórico e de suas conjecturas, também nos interessa a constatação de que a atividade do linguista não seria capaz de se privar do fato de que ela incide justamente sobre aquilo que o faz falante como a outro qualquer, e a partir do qual lhe é dada a possibilidade de destrinçar não apenas seu objeto, mas o próprio mundo que o cerca e a si mesmo. Dito isso, tampouco estaria o linguista livre de ter de se haver com os efeitos decorrentes dos estratos em ruína no curso das formulações de seus próprios trabalhos – que podem ser tomados, com efeito, como testemunhos dessa relação. E ocupa-nos aqui, pois, precisamente o fato de que aquilo que entra em cena a partir do esfacelamento desses estratos posiciona o falante, em geral, diante de uma língua que se separa do ferramental ordinário da comunicação: uma língua da qual não se espera que ela aponte para o mundo; uma vertente da linguagem que não é apenas instauração/ratificação da diferença, e sim semelhança e retorno do código sobre si mesmo.

Por ora digamos que, enquanto tal, a língua não se permite prender na teia em que seria esquadrinhada pelas autenticações de saber de um sujeito no exercício de seu engenho (enquanto mestre, *sujeito da língua*), mas opera precisamente como ruptura, a partir da qual esse sujeito só encontrará seu lugar num segundo momento (enquanto objeto, *sujeito à língua*) – hipótese que nos acompanhará ao longo deste livro, e à qual retornaremos no momento oportuno.

~

Jacques Lacan, ao percorrer as categorias da lógica modal, apresenta-as da seguinte maneira, utilizando as possibilidades de articulação entre os verbos *cessar* e *escrever*: o possível é aquilo que cessa de se escrever; o necessário trata-se do que não cessa de se escrever; o impossível, o que não cessa de não se escrever; e o contingente, por fim, seria o que cessa de não se escrever (cf., respectivamente, Lacan, 1975-1976/2007, p. 14; e Lacan, 1972-1973/2008c, pp. 155, 65, 156). Com a finalidade de reunir em torno de um mesmo eixo diversas manifestações disruptivas envolvendo os estratos, Milner se vale do que chama de *ponto de cessação*, depositário dessas elaborações lacanianas; e é por meio dele que se verá nomeado o momento da supressão dessas camadas, uma instância em que

34   INTRODUÇÃO

estaria suspensa a estratificação e distorcida a temporalidade em jogo no reconhecimento do repetível por ela suposta.

Disso seriam exemplos os performativos, os insultos, os pronomes, isto é, "elementos cuja definição, em menção, implica circularmente o uso do *definiendum*;[5] cujo sentido só se explica inteiramente por um recurso ao proferimento do próprio som" (Milner, 1978/2012, p. 19). E fazer poesia, nesse âmbito, seria justamente não ignorar o ponto de cessação; sem que ele seja posto de lado, a ele retornar incansavelmente. Logo, muito pelo contrário, trata-se de um imperativo de que algo real passe; algo na própria língua que atravessa o poeta e ruma ao seu endereçamento: "nem para milhões nem para uma única pessoa nem para mim mesma. Escrevo para a própria obra. *Ela escreve a si própria através de mim. Para chegar aos outros ou a si mesma?*", eis a questão – nas palavras de Marina Tsvietáieva (1926/2017a, p. 46, trad. modificada, grifo meu).

Inversamente, para a linguística, trata-se de ignorar integralmente o ponto de cessação, ignorância por meio da qual ela se estrutura (Milner, 1978/2012, p. 39). Isso minimamente na medida em que ignorá-lo é livrar-se, tanto quanto possível, da necessidade de lidar com o fracasso garantido em propor para esse ponto uma escrita consistente. E não seria por menos que Saussure teria, então, compilado uma grande quantidade de cadernos com análises sobre fenômenos presentes em poemas e, todavia – apesar de a exposição teórica ter chegado a tomar uma forma acabada –, tenha se recusado a publicá-la, limitando-se a guardá-los em suas gavetas. Ou, ainda, não seria por menos que tais cadernos teriam sido velados, a despeito de sua importância e anterioridade aos anos em que se deram os cursos compilados no *Curso de linguística geral*, e que tampouco tenham sido nele mencionados pelos seus organizadores (Saussure, 1916/1972).

---

[5] Do latim, "termo/conceito a ser definido".

O raciocínio, entretanto, não é nada trivial. Se aquilo que irrompe "na linguística (e que nela fica parcialmente entravado) refere-se precisamente à relação entre o diurno e o noturno, entre a ciência e a poesia (ou até a loucura)", nas palavras de Gadet e Pêcheux (1981/2004, p. 57), passar por Saussure é praticamente inevitável à aproximação daquilo que brota e se mantém irresoluto em sua aporia, que fascina e move tanto quanto atordoa e paralisa – não por acaso, uma oscilação homóloga àquela assumida por Lacan a respeito do real e da diferença. Qual seja:

- a discrepância entre a língua, império das diferenças (oposições negativas),[6] e o mundo-fluxo que ela bordeja ou segmenta;

- a discrepância entre a língua e ela mesma.

A saber, nesse segundo caso, a diferença mostra-se um "termo incômodo" – como diz Saussure nos *Manuscritos de Harvard* (Parret, 1993/1994, p. 199) –, visto que dentre as muitas coisas que é capaz de evidenciar na variedade de seus graus, ela revelaria também uma esfera, *o lugar da linguagem* (Saussure, 2002/2012, pp. 60-62), no qual seus termos não são vazios e indeterminados. Trata-se aí de uma faceta da linguagem cuja qualidade positiva não apenas ressoa a descontinuidade que se permitiria ver no âmbito das coisas, como também deixa entrever que, entre o real e a língua, há mais que uma relação de adequação; ou, digamos, há muito *menos* – muito menos distância do que se poderia em princípio arrogar.

Essa oscilação nas formulações saussurianas se reproduz, no nível da teoria, na divisão perante a qual, na prática, o sujeito se encontra ao ter de deliberar, diante do mais ínfimo enunciado, por um sentido entre outros, ainda que inconscientemente.[7]

---

[6] Vale lembrar que, em Saussure, *oposição negativa* e *diferença* são utilizados como parassinônimos. Cf. Parret (2011).

[7] O fato de se fazer uma escolha ao se deparar com uma frase ambígua invariavelmente é exemplar a esse respeito.

36   INTRODUÇÃO

Isso ao mesmo tempo que – muito embora, uma vez auferido o tal sentido em detrimento dos demais, este custe a escapar ao ouvido – a divisão que os terá apartado não deixa de ser, ela mesma, o que os confunde numa só e mesma coisa. E esse corte também suporta a afirmação lacaniana a respeito do fato de que "que se diga fica esquecido por trás do que se diz naquilo que se ouve" (Lacan, 1972/2003, p. 448), isto é, que entre o *dito* (fundado a partir do que se diz naquilo que se ouve) e o *dizer* (fundado a partir do que ressoa do fato de que se esteja dizendo) há uma fenda. É essa fissura que liberta o falante da biunivocidade de uma linguagem-código sinalética; fissura que não só abre os caminhos para a benfazeja indeterminação como também, e por isso mesmo, deixa o sujeito a desejar o que foi seu sem nunca ter sido: um objeto que, desde Sigmund Freud, pode ser pensado como algo incansavelmente redescoberto (Freud, 1905/2016, p. 143).

Desse modo, frente a tantas trincas que se recobrem nas paredes desse labirinto, a obra de Saussure mostra-se inegavelmente um quiasma, do qual partiremos e ao qual retornaremos sem dele sair, na verdade. Afinal, na tentativa de escutar a poesia, colando aí os ouvidos, ele talvez tenha encontrado na linguagem precisamente um nó tão arcaico quanto inescapavelmente atual e incômodo (Freud, 1919/2021), e que aqui especialmente nos interessa: um nó dinâmico que ata a si próprio e não cessa de ludibriar as investidas que, de um jeito ou de outro, sempre tentam mais ou menos desajeitadamente segurar-lhe as pontas.

Recorte de *Persée* (Perseu), gravura de Cornelis Bloemaert (1603-1692)
Fonte: Marolles, M. de (1655). Livre V: Les avantures de l'air et des eaux.
In *Tableaux du temple des muses*. Paris: Antoine de Sommaville.

1. A Medusa e o espelho: Ferdinand de Saussure e a diferença

Mas basta escutar a poesia, o que sem dúvida aconteceu com F. de Saussure, para que nela se faça ouvir uma polifonia e para que todo discurso revele alinhar-se nas diversas pautas de uma partitura.

J. Lacan, "A instância da letra...", 1957.

É Lacan quem nos adianta que, em se tratando de Saussure, algo é certo de antemão: ele não dizia tudo. Prova disso, aliás, é o fato de que "se encontraram em seus papéis coisas que nunca foram ditas em seus cursos" (Lacan, 1971/2009, p. 14). E em posse dessa nota, quando folheamos o célebre *Curso de linguística geral* em busca do termo "poesia" e de seus correlatos, não deveríamos nos deixar surpreender com o resultado então obtido: com efeito, tirante uma referência à importância do verso para reconstituições de pronúncia e uma menção aos poemas homéricos ao tratar de fala e escrita, nada mais se pode ler ali que esteja nominalmente

42 A MEDUSA E O ESPELHO: FERDINAND DE SAUSSURE E A DIFERENÇA

atribuído à dimensão do poético (cf., respectivamente, Saussure, 1916/1972, pp. 46, 227).

Ora, o leitor poderia naturalmente fazer a objeção de que Saussure não era teórico do verso ou da literatura, de modo geral; que não esteve vinculado aos estudos de estilo nem sequer à história dos movimentos poéticos: em resumo, que não era um esteta de nenhuma ordem. Consequentemente, a ausência de referências compreendidas nesse âmbito seria irrelevante; e sua eventual presença, por sua vez, não seria o suficiente para sugerir que ela remeteria a nada de essencial com relação à sustentação teórica por ele realizada, à sua argumentação propriamente dita – uma vez que esta não versaria sobre o poético como tal.

Porém, muito evidentemente não é nesse aspecto que se poderia esperar alguma alusão à poesia nos cursos de Saussure, e sim, de fato, na direção de algo que viria fazer justiça à tangência que o poético efetuou em sua obra de modo a conduzi-lo ao adensamento de uma compreensão do signo e à edificação de uma teoria da língua – e, inclusive, a uma determinada prática com a tradução (Souza Jr., 2021). Nesse sentido, então, talvez fosse plausível haver ali uma referência à poesia como lugar do desfralde daquilo que operou como causa do interesse vivo do linguista, e que não deixou de demandar seu crivo e a sua escrita teorizantes – o que denuncia minimamente, dentre muitas coisas, uma peculiaridade no seu trabalho entre os de seus contemporâneos (Fehr, 1996, p. 183). Contudo, a poesia que o preocupava, acompanhando-o em sua saga pela linguística histórica, restaria à sombra de suas gavetas – destino que, de modo geral, não era incomum aos seus escritos, o que ele próprio havia confessado (Jakobson, 1971/1973b, p. 197).

Será apenas tardiamente, então, que essas obras conhecerão seu público; e nesse segundo momento, todavia, virão envoltas naquilo que podemos chamar de uma aura de subversão; subversão do científico pelo poético em cena nas suas anotações, pelas marcas de sua "loucura" ao longo de análises que se vão mostrar tão díspares da "sobriedade" impressa por Albert Sechehaye e Charles Bally, apesar de o segundo ter sido justamente um dos interlocutores de Saussure pelas veredas de uma pesquisa com aquilo que este chamaria de *lado pitoresco* (Saussure, 1894/1964a, p. 95) das línguas: produção, vigente entre 1905-1909, que precede e convive, em sua maior parte, com as aulas que dariam origem ao *Curso* (1906-1907, 1908-1909, 1909-1910), constituindo sobretudo os trabalhos sobre anagramas em textos antigos gregos, latinos e indianos – a obra mais importante de Saussure, na opinião de Roman Jakobson (cf. R. Jakobson, *apud* Gadet & Pêcheux, 1981/2004, p. 109).[1]

Dito isso, um problema se formula de imediato. Afinal, se para Saussure a realidade sonora se impõe,[2] não sem ser iluminada pelo fato de que o elemento vocal da linguagem é, nas palavras de Giorgio Agamben (1988/1998), o cavalo que carrega o poeta (p. 25), por que esse silenciamento da poesia naquilo que chegou até nós dos cursos por ele ministrados? – tendo cabido justamente a Saussure o trabalho de garimpar nela toda uma série de implicações que fariam a linguística se afastar do texto escrito, da diacronia; em suma, de uma certa tradição filológica como a de Friedrich A. Wolf.

Dito de outro modo: se são muito precisamente elementos da ordem do poético que parecem suscitar e reforçar a aposta de Saussure em pontos que, investidos, são capazes de impelir os

---

[1] Sobre as pesquisas anagramáticas de Saussure, cf., entre outros: Saussure (2013); Bravo (2011); Testenoire (2013); Souza (2017).

[2] "Uma forma é uma figura vocal que, na consciência dos sujeitos falantes, é *determinada*, ou seja, é ao mesmo tempo existente e delimitada. Ela não é nada mais; assim como não é nada menos. Ela não tem, necessariamente, 'um sentido' preciso; mas ela é percebida como alguma coisa que é; que, além disso, não seria mais, ou não seria mais a mesma coisa, caso se modifique o que quer que seja em sua exata configuração" (Saussure, 2002/2012, p. 37).

estudos da linguagem rumo à consolidação de uma disciplina autônoma, entendida como a linguística moderna, por que a referência aos estudos desenvolvidos por ele nesse campo é deixada de lado, em particular? – ainda que saibamos que, de modo geral, toda a sua obra acabaria por ser ulteriormente posta à margem nos estudos da linguagem.

Poderiam aventar, a esse respeito, que tal fato se deveu a Saussure ter trazido com isso, inevitavelmente, uma dimensão um tanto quanto controversa e que se expõe nos textos anagramáticos, a saber: o *sagrado*. Afinal, embora ele aparentemente nunca se tenha interrogado muito a respeito das origens do procedimento identificado nos versificadores clássicos – e aos anagramas tenha sido conferido o estatuto de restrição composicional –, justo no manuscrito em que o termo "semiologia" pode ser lido pela primeira vez "insere-se, sem demarcação visível, uma passagem em que Saussure discute a origem linguística dos nomes divinos gregos, aplicando-lhes . . . o conceito de transmissão semiológica" (Fehr, 1996, p. 183).

Contudo, essa justificativa comporia um engodo, caso se pautasse apenas na suposição de que a aproximação das duas esferas seria um tanto quanto sombria. Muito pelo contrário, sabe-se que não cabe a essa famigerada faceta da obra de Saussure prefigurar os pontos de contato entre o universo do sagrado e os domínios do linguístico. Afinal, constata-se a religião junto ao cerne de muitas das concepções remotas tanto sobre a origem da linguagem quanto sobre a diversidade das línguas; isso sem excluir, até mesmo, a sua influência em teorizações mais recentes: pensemos, por exemplo, na querela entre jesuítas e jansenistas, no século XVII – que por vezes se incendiava em função de distintas traduções da Bíblia, seus empregos lexicais e construções frasais – e nas propostas de reunificação dos povos por meio de uma empreitada de natureza linguística, cuja tentativa de maior impacto encontra seu representante no esperanto de Ludwik Lejzer Zamenhof – projeto que, não sem motivo, é largamente amparado pelo movimento espírita (cf. respectivamente, Defize, 1988; Souza Jr. & Morais, 2007).

No entanto, uma vez que a constituição da linguística como uma disciplina inscritível na ordem das ciências supõe que se rompa qualquer vínculo com a questão do sagrado – este "ultrapassando seus limites e até em conflito de verdade com a ciência" (Lacan, 1965/1998d, p. 885) –, a suposição de que, deixando de lado essas investigações, estaríamos propriamente elidindo esse conflito não deixa de ter efeitos neutralizantes bastante desejáveis, especialmente nesse caso, em que se trata da obra de alguém historicamente alçado ao papel de fundador.[3] Todavia, relativamente à obra saussuriana, o sufocamento desses estudos parece não se restringir a isso, tendo um papel ainda mais sutil.

Digamos que o sagrado, com sua insistência no reconhecimento de leis, tem a propriedade de, por meio delas, assentar no domínio da proibição algumas verdadeiras impossibilidades, tomadas a partir de então como inquestionáveis: sancionando, por exemplo, o encobrimento de algumas dúvidas categóricas, sobretudo com relação à origem e aos impasses da diferença. Ora, traçar um paralelo entre as pesquisas anagramáticas de Saussure e uma espécie de delírio linguístico-religioso não serve justamente para isso? Isto é: para encontrar um lugar de conforto (no nível do *proibido*) para aquilo que os versos clássicos também lhe trouxeram (no nível do *impossível*, em contraparte à viabilidade da "boa teoria") e que não cessou, nem cessa, de assombrar as considerações sobre as línguas naturais ratificadas por ele próprio. Como exceções que confirmam regras.

---

[3] Não no sentido que lhe dá Michel Foucault em *O que é um autor?*. Atente-se, assim, à diferença entre "fundar" e "fundamentar" (cf. respectivamente, Foucault, 1969/1992, p. 58; Milner, 1978/2012, pp. 50-52).

46   A MEDUSA E O ESPELHO: FERDINAND DE SAUSSURE E A DIFERENÇA

Supor em Saussure o delírio soturno da escrita íntima – agraciado por sua dificuldade generalizada com publicações e pelo seu, por assim dizer, acanhamento (quiçá bom senso?) em não tratar publicamente, nos seus cursos e textos, desses assuntos delicados – tem a função de estabilizar fatores intrigantes em sua trajetória, e justifica o posterior banimento de qualquer menção a esse seu conjunto de trabalhos. Banimento, ao que parece, já iniciado em vida pelo próprio autor: basta remeter aos últimos artigos por ele publicados, entre os anos de 1909 e 1912, para notarmos que "estão bem longe de tudo o que sabemos, por meio de seus manuscritos e cartas, a respeito dos tormentos teóricos que o ocupavam há pelo menos uns bons vinte anos" (Fehr, 1996, p. 184).

Dito isso, se desejarmos alguma acuidade no entendimento daquilo com o que ele se deparou no decorrer das investigações sobre o verso – a saber, que nas línguas naturais "o fenômeno fonético é um fator de perturbação" (Saussure, 1916/1972, p. 187) –, veremos que não há como buscar conforto chamando de loucura aquilo que, muito pelo contrário, é propriamente o resultado, mesmo que desconcertante, dos empreendimentos da razão. E se acompanharmos os cadernos que desvelam o fenômeno anagramático nos textos clássicos e nas lendas do mundo antigo, constataremos – em seus rascunhos, cartas, ou ainda em suas notas esparsas sobre papéis avulsos, de modo geral – justamente as referências ao fracasso que assombrava suas tentativas de teorização; de tal modo que não custará depreendermos que, para Saussure, o poético constituiu a ambiguidade efetiva do φάρμακον [phármakon], tamanha a disponibilidade deste, em matéria de teoria, tanto para as benesses da cura quanto para a consternação do veneno.

Nessa tensão inflexível entre os fenômenos reconhecidos na poesia e a legitimidade a eles suposta ou renegada por Saussure no decorrer de seu trabalho em linguística, o saber da reiteração fônica – bem como sua espécie de primado perturbatório observado pelo autor nas raízes do verso – teria de buscar suas bases noutro lugar que não na religião.[4] Talvez, pois, na intenção daquele que escreve? É justamente isso que ele chega a vislumbrar, como dá a ver na primeira carta escrita ao principal precursor do Modernismo na literatura italiana, o poeta e professor Giovanni Pascoli, no dia 19 de março do ano de 1909, em que Saussure indaga se acaso "certos pormenores técnicos que parecem observados na versificação de alguns modernos são puramente fortuitos ou são *desejados* e aplicados de maneira consciente" (Saussure, *apud* Starobinski, 1971/1974, p. 104).

Pascoli, ao que tudo indica, teria se calado a esse respeito – ou, talvez, tenha mesmo respondido com o silêncio que restara ao se dar conta de seu próprio desconhecimento da resposta. Em todo caso, réplicas que se satisfizessem com afirmar um mero "sim" à arbitrariedade, ou apostando tão somente na vontade daquele que escreve, ainda seriam paliativos; isso porque continuariam sendo mitigadas as implicações derradeiras da pesquisa anagramática, a partir da qual se pode admitir que a mensagem poética "não se constituiria apenas *com* palavras emprestadas à *língua*, mas também *sobre* nomes ou palavras dadas uma a uma", o que conduz propriamente à conclusão, "implícita *em toda a pesquisa* de Ferdinand de Saussure, de que as palavras da obra se originam de outras palavras antecedentes" (Starobinski, 1971/1974, p. 107, grifos meus).

Contribui-se, então, com a formulação de um problema novo no que diz respeito ao poético: "não sendo poesia apenas o que se

---

[4] Vale ressaltar que, em 1906, a propósito do conjunto de poemas épicos medievais *Das Nibelungenlied* (A canção dos Nibelungos), o próprio Saussure advertiu, na primeira carta que escreveu a Antoine Meillet, que "o estudo não tem nada a ver . . . com a História das religiões": "pessoalmente, combato toda origem mitológica; tanto que, caso se trate de religião, eu estou com as mãos abanando" (F de Saussure, *apud* Jakobson, 1971/1973b, p. 191).

realiza *nas* palavras, mas o que nasce *a partir* das palavras", isso escaparia, portanto, à arbitrariedade da consciência para depender exclusivamente de "uma espécie de *legalidade linguística*", nos termos de Jean Starobinski (1971/1974, p. 107, grifos meus). Desse modo, diferentemente das teorias que isolam o poético como um lugar de exceção, o trabalho de Saussure deles vai destoar fortemente, uma vez que faz daquilo que se passa na poesia "um deslizamento inerente a toda linguagem" (Gadet & Pêcheux, 1981/2004, p. 58). E se o procedimento poético dos anagramas verifica-se na língua, então a atenção de Saussure será entendida como algo que se orienta para o que Starobinski chamou de *trabalho de extração*; mediante essa tarefa, "as frases sucessivas são, por assim dizer, radiografadas: elas devem deixar aparecer a ossatura sobre a qual se constroem" (Starobinski, 1971/1974, p. 56) – deixar ver, pois, o que têm de estrutural. Extração, portanto, no nível do material poético, daquilo que a língua lhe havia trazido como germe.

Se, por um lado, Saussure chegou a afirmar que o "significante, sendo de natureza auditiva, desenvolve-se no tempo, unicamente, e tem características que toma do tempo: i) *representa uma extensão*, e ii) *essa extensão é mensurável numa só dimensão*: é uma linha" (Saussure, 1916/1972, p. 84), notamos haver aí, por outro, um corte que descreve ao menos dois níveis – corte a partir do qual se podem reconhecer, na língua, dimensões problematicamente concomitantes, desmembrando dela o anagrama ali entremeado. Não é por menos que, muito embora Saussure tenha sido responsável por delinear um método que se mostraria de grande importância na história dos estudos linguísticos – assim como na das ciências humanas, de modo geral –, também o foi por apontar um caminho para desfazê-lo, de certa maneira. Ora, como observou Jakobson, o anagrama poético infringe as duas "leis fundamentais da palavra humana" que foram instituídas pelo próprio Saussure: "a do laço codificado entre o significante e seu significado" e, justamente, "a da linearidade dos significantes".[5]

Já ao nos depararmos, porém, com o conceito saussuriano de língua – se considerarmos seriamente que, a partir dele, recorrendo à noção de sistema diferencial, marca-se uma diferença pura precedendo as propriedades –, falar em estratificação seria um anacronismo: apesar de haver segmentação em jogo na proposta impressa no *Curso*, a noção de distintividade seria anterior a toda e qualquer classe, todo e qualquer nível.[6] Mas não podemos negligenciar, é claro, o caráter diminuto e evanescente dessa proposta no decurso dos estudos da linguagem no Ocidente. E isso pode ser observado se nos ativermos tanto ao que estava sendo desenvolvido paralelamente nos Estados Unidos (o estruturalismo americano, na esteira de Edward Sapir e Leonard Bloomfield, e, posteriormente, Zellig Harris); bem como à mudança de modelo marcada pelo trabalho de um orientando desse último, Noam Chomsky, depois do qual ficou definitivamente taxado que se estava retornando à configuração clássica: as propriedades precedendo a distinção – de tal forma que, na ordem da língua, não fosse mais verdadeiro que só haveria diferenças (Milner, 1992/2010, p. 188).

Isso já nos levaria a perguntar até que ponto, no seio dos estudos da linguagem, o conceito de *língua*, apesar de ter possibilitado a assunção de uma disciplina autônoma, seria mesmo capaz de se manter nesse lugar. Afinal, a linguística, ao acompanhar as

---

[5] Dito de outro modo, "os meios da linguagem poética encontram-se em condições de nos fazer ir 'para fora da ordem linear' (*Mercure de France*, 1964, p. 255) ou, como resume Starobinski, 'sai-se do tempo da *consecutividade* próprio à linguagem habitual'" (Jakobson, 1971/1973b, p. 200).

[6] Com Saussure, por exemplo, "não se diz mais que, em francês, /b/ é sonoro e que, por essa razão, é distinto de /p/; diz-se, inversamente, que /b/ é distinto de /p/ e que, somente por essa razão, ele pode ser dito sonoro" (Milner, 1992/2010, p. 186).

50 A MEDUSA E O ESPELHO: FERDINAND DE SAUSSURE E A DIFERENÇA

demandas dos modelos científicos vigentes, parece não ter podido abstrair a estratificação prévia à noção da diferença, nem sequer ver mais interesse ou condição de manter a singularidade de seu objeto – quer subsumindo-o à psicologia, quer afirmando que "o estudo da linguagem recai naturalmente no campo da biologia humana" (Chomsky, 1975/1980, pp. 33, 101).[7] No entanto, a suspeita de uma estratificação prévia às diferenças assombrava o próprio Saussure (Parret, 1993/1994); e como já adiantamos, aliás, o raciocínio aqui não é trivial: a oscilação em jogo para ele ecoará, por exemplo, nos impasses encontrados por Lacan em seu próprio percurso, ao longo do qual foram sempre caros os trabalhos do primeiro.

Segundo ele, "a relação entre o *corte do real* e o *corte da linguagem* parece, portanto, satisfazer, até certo ponto, aquilo em que, em suma, a tradição filosófica sempre se instalou, a saber, que se trata simplesmente da sobreposição de um sistema de cortes por outro sistema de cortes" (Lacan, 1958-1959/2016, p. 425). E, nesse sentido, é notória a tentação em ver aí uma anterioridade do real seguido por um assentamento do simbólico por sobre as curvas do seu relevo. Todavia, não precisamos avançar muito nos trabalhos de Lacan para chegar a um movimento contrário a essa conclusão, uma vez que, logo em seguida, nessa mesma sessão de seu Seminário, ele próprio aventará o que mais tarde[8] será estabelecido e mostrado de modo explícito em sua obra: que o percurso da ciência permite justamente formular que há algo que "vai muito além da noção de que os cortes naturais são sobrepostos pelos cortes de um discurso qualquer" (Lacan, 1958-1959/2016, p. 425).

---

[7] Sobre as transições em jogo no modelo chomskiano, com relação ao *Curso*, a respeito da produção de saber sobre a linguagem, cf. Milner (1973, pp. 9-28).

[8] A partir da figuração do nó borromeano e da indissociabilidade dos registros Real, Simbólico e Imaginário. Cf., por exemplo, Lacan (1974-1975).

Desse modo, mais que para uma alteração de rota, é para a convivência em sua obra de controversas definições do real que precisamos apontar: o *absolutamente sem fissura*, por um lado (Lacan, 1954-1955/1985a, p. 128); o *feito de cortes*, por outro (Lacan, 1958-1959/2016, p. 425). Oscilação que Lacan já havia acusado há tempos e exatamente na escrita de um poema, bem como na alternância de seu título, do grego ao latim:[9]

Coisas, carreguem suor ou seiva no seu veio,
Formas, tenham da forja ou do sangue vindo,
Vossa torrente bate não meu devaneio,
Não cessando o desejo, as vou perseguindo,

Atravesso voss'água, despenco no esteio
Vai o peso do demo pensante gerindo;
Só, cai no duro chão que tem do ser o enleio,
No cego e surdo mal, no deus de senso findo.

Mas, se todos os verbos na goela definham,
Coisas, vindo do sangue ou da forja tenham,
Natureza – no fluxo elemental vou indo:

O que adormece em mim, vos edifica em cheio,
Formas, carreguem suor ou seiva no seu veio,
Vosso imortal amante, no fogo é que deslindo.

A questão, portanto, se complexifica da seguinte maneira: se no real não há cortes – algo que se deixa perceber na linguagem, sobretudo em seus limites; ou seja, o real enquanto "estritamente impensável" (Lacan, 1974-1975, sessão de 10 de dezembro de 1974),

---

[9] De "Panta rhei" (Πάντα ῥεῖ / Tudo flui, 1929) a "Hiatus irrationalis" (Hiato irracional, 1933). Cf. Lacan (1929).

que não cessa de não se escrever –, a ciência vem revelar que há também um movimento oposto, em que se constata uma interferência no real. Algo de novo também pode aí se escrever, fazer corte, denunciando que a própria noção de real e a existência da linguagem são entre si coniventes, uma vez que "a ciência e sua ventura... não nos mostram o real remetendo seus próprios cortes a si mesmo, mas cortes que são os elementos criadores de algo novo" (Lacan, 1958-1959/2016, p. 425).

Essa complicação, retroagindo sobre as elaborações de Saussure e seu corolário, possui diversos efeitos, inclusive no entendimento da separação efetuada no *Curso* entre a língua e a fala. Afinal, a *língua* tenderia a ser igualada à própria possibilidade de se falar em *funcionamento estrático*, na medida em que os níveis, a linearidade, a consistência, a identidade e a isotopia conferidas por ela à linguagem constituem-se precisamente mediante a exclusão da fala – tomada como "o próprio encontro e entrecruzamento dos estratos", nas palavras de Louis Hjelmslev (1954/1991, p. 78).

Figura 1.1

Sendo, "em última análise, tudo o que é arbitrário na linguagem", portanto, a *fala* se definiria justamente "como o conjunto das *relações interestráticas* efetivamente executadas" (Hjelmslev, 1954/1991, p. 78, grifos meus). Desse ponto de vista, então, ela é uma esfera capaz justamente de se render à exposição da não linearidade, da inconsistência, da não identidade da língua consigo mesma e da heterotopia com a qual ela se traveste a depender de como se a observa. Estamos, assim, diante do que se reconhece como uma das antinomias nos cursos de Saussure (Milner, 1978/2012, p. 51). E a fala, enquanto função que rompe com a suposta homogeneidade da língua, é colocada de lado, apesar de o próprio *Curso* apresentar inúmeras provas da sua importância.[10] No entanto, em seu percurso teórico, o que se pode depreender da oscilação saussuriana a respeito da anterioridade, ou não, da pura diferença impõe rever cabalmente o seu estatuto frente àquele do que se chama de língua.

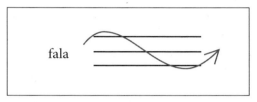

Figura 1.2

Considere-se o caso do anagrama, por exemplo. O "procedimento" revelado não ilustra um compromisso com um funcionamento *inestrático*:[11] o que pode se passar no texto anagramatizado, rente à natureza do poético em sua radicalidade de ruptura, sofre um esvaziamento pela revelação/atribuição da técnica. Isso porque a própria possibilidade de ler no verso uma outra coisa para além da primeira camada sonora – isto é, como vimos, o desvelamento da interação de cadeias fônicas que se perpassam – é, a bem dizer, a possibilidade de resolver, de lidar com a concatenação desenfreada do significante justamente por meio da prática de destrinchar as cadeias em questão a título de um nome. Muito pelo contrário, então, o anagrama já é uma resolução do funcionamento interestrático: um artifício no cumprimento da estabilização do aspecto fônico sedicioso – saída que se diferencia,

---

[10] Basta dizer que ali consta, por exemplo, a afirmação de que "é a fala que faz evoluir a língua" (Saussure, 1916/1972, p. 27).

[11] Inestrático, na medida em que se *opusesse* aos estratos já constituídos.

54 A MEDUSA E O ESPELHO: FERDINAND DE SAUSSURE E A DIFERENÇA

no entanto, por instaurar outra tópica (uma espécie de curto-circuito desses estratos); e por revelar, na própria língua, algo que denuncia a presença de um *Um* (palavra-tema) em torno do qual se organizam os sons nos poemas analisados.[12]

Se pensarmos em música, por exemplo, o reconhecimento do anagrama seria análogo à percepção, nos encadeamentos harmônicos, do modo ou da tonalidade em que uma obra foi composta – determinante de um conjunto de restrições e possibilidades vigentes nas escolhas das notas ao longo de toda a composição. O anagrama, no entanto, escancara o que há de não unívoco no processo de significação: o texto anagramatizado aponta tanto para o significado quanto para o nome (radical sonoro) que é seu estenograma, ao passo que na música a nota é, em si mesma, sua própria representação. Assim, como um lapso ou uma ambiguidade, o anagrama também não pode prescindir da presença dos estratos, uma vez que a inundação de sentido a que ele pode conduzir o sujeito é deles dependente, na medida em que percorre simultaneamente os caminhos marcados por esses estratos – sugerindo assim, a partir daí, a reorganização tópica da estratificação da língua, como mencionado há pouco.

Assumiremos, pois, não apenas a realidade desses anagramas, como também seremos levados a ratificar que "essa aparente ligeira aberração das convenções normais do *design* poético tem curiosas consequências", e isso não apenas "para o modelo ortodoxo de forma e conteúdo em poesia", mas para toda e qualquer operação

---

[12] Um *Um* que, espargido pelo poema, só pode ser captado em sua divisão. Vale lembrar que a questão do Um-dividido, elaborada pela teosofia de Jacob Boehme, reverbera em Lacan desde as suas elaborações sobre o estádio do espelho. Cf. Dufour (1998/1999). Em tempo: *Panta rhei/Hiatus irrationalis* é escrito, e talvez não por acaso, justamente no ano em que Alexandre Koyré – de cujo pensamento Lacan manteve muita proximidade, por vezes explicitada em seus trabalhos – publicava sua tese sobre a obra boehmiana.

linguística, como sustenta Richard Bradford.[13] Se, no entanto, em sua natureza despedaçada de presença/ausência, o anagrama mostra-se no poema como algo recuperável – e apenas existente, aliás – num contorcionismo da solução estrática, não é por isso que localizaríamos sua relevância apenas no nível do efeito; afinal, o hipograma que o terá instituído é "um *hypokeimenon* verbal", uma coisa subjacente: "um *subjectum* ou uma *substantia* que contém em germe a possibilidade do poema" – a saber, uma possibilidade fônica (Starobinski, 1971/1974, p. 107). Assim, se o hipograma é padrão-causa e origina-se na língua em questão, é de se supor que ele possa evidenciar algo mais do entendimento saussuriano, tanto a respeito da própria natureza da língua por ele proposta quanto daquilo que dela se manteve ou caducou no estruturalismo europeu e na tradição americana.

Os anagramas sugerem que os estratos, apesar de constituírem a possibilidade do reconhecimento de unidades inclusive ao próprio falante – e garantirem, num segundo momento, lugar a construções teóricas –, operarão em seus limites sem negligenciar a natureza linguística como tal, que inclui as propriedades da fala enquanto lado executivo, singular, material do campo da linguagem. Desse modo, infere-se que a estratificação não apenas não impede a manifestação, na língua, da irrupção da substância; muito pelo contrário, elas *supõem uma a outra*. Afinal, parte-se do princípio de que não existe pensamento amorfo, pura substância – admitindo que não haja realidade psíquica pré-linguística –, tampouco pura forma,

---

[13] "Em certo sentido, o anagrama é uma extensão do uso do duplo caráter – a anterioridade é dada à natureza material do signo mais do que à sua função significante. Ao mesmo tempo é alçado um ato de significação que *curto-circuita efetivamente o modelo comunicacional baseado no significante e no significado:* nós decodificamos um signo que está claramente inscrito nos padrões complexos de sintagma e paradigma, fonema e morfema, mas que, no sentido normal, não são registrados" (Bradford, 1994/2005, p. 38, grifos meus).

uma vez que o próprio reconhecimento do contrassenso já implica uma operação simbólica, uma demanda de significação não satisfeita.

Nessa direção, portanto, Saussure já denunciava que a cumplicidade com a forma, em detrimento da substância, por mais que constitua a possibilidade de deixar emergir a estrutura – e, como tal, mereça receber investimento teórico –, encontra na linguagem os seus limites: afinal, "nunca nos compenetraremos o bastante dessa verdade, pois todos os erros de nossa terminologia, todas as maneiras incorretas de designar as coisas da língua provêm da suposição involuntária de que haveria uma substância no fenômeno linguístico" (Saussure, 1916/1972, p. 141). Veremos, aliás, que é justamente em conjuminação com a substância da fala que a suposição dos estratos será possível, na medida em que é a confusão dos mesmos, presentificando-se aí, que revela a sua existência. Dito de outro modo: ulteriormente é que se dá a conjectura de que algo da ordem da estratificação devesse ter estado presente naquilo que havia de estável antes da intrusão de um fenômeno de fala – e os estratos vão, assim, ter existido ali.

Podemos aventar, portanto, que a exclusão da fala dos domínios da linguística saussuriana seja não apenas a retirada do particular como custo da postulação do universal, mas a garantia possível à aposta na diferença, anterior às propriedades e aos estratos: a língua, como império da diferença, que a fala – mediante a presentificação do *corpo falante* – vem subjugar por meio de um ponto em que o sujeito se ancora, singular, cessando num átimo a pureza da total (in)diferenciação. Isso porque o sujeito se mostra presente na língua justamente "desestratificando, confundindo sistematicamente som e sentido, menção e uso, escrita e representado" – isto é, impedindo que "um estrato possa servir de apoio para desembaraçar um outro" (Milner, 1978/2012, pp. 21-22). Ele irrompe na cadeia significante, mas é justamente *entre* os estratos que essa irrupção se dá;[14] o que então acontece é uma espécie de sobrestamento destes, devido a uma suspensão dos seus limites promovida pela fala, mas não propriamente uma violação – no sentido de um franqueamento, uma fratura qualquer, uma mudança topológica no arcabouço da estratificação. Seremos forçados, desse modo, a introduzir algumas diferenças no conceito de ponto de cessação; isso porque este, também chamado pelo autor de *ponto de poesia*, provoca uma suposta homogeneização desses fenômenos de fala com aquilo que se poderia supor ocorrer no âmbito do poético.

Proponho, assim, que a relação com os estratos no caso das irrupções subjetivas é diferente daquela em jogo na poesia, o que aponta para um outro estado de língua com o qual a segunda estaria relacionada – e, sobretudo, para uma outra relação colocada em cena entre o sujeito e o poético. Dito isso, distancio-me também aqui do entendimento aventado por Starobinski: apesar de se sustentar numa outra tópica dos estratos, diferente daquela em jogo na língua, não vejo razão para compreender a poesia como *fato de fala*, como afirmado pelo autor (Starobinski, 1971/1974 , p. 107). Naturalmente há de se relevar o fato de que ele escrevia sobre os anagramas de Saussure, e que o fenômeno anagramático, como foi dito, é entendido também aqui como fato de fala. Entretanto, cumpre não os confundir, já que *a poesia não é o anagrama*; e já que o hipograma, como havia assinalado o próprio Starobinski, é um "luxo inútil" que suplementa a obra na qual o percebem – se é que o percebem (Starobinski, 1971/1974 , p. 107).

---

[14] Assim, depreendemos inclusive que a língua em que tudo é pura diferença não guardaria espaço para o sujeito. E é justamente aí que vemos ocasião para situar, em certo sentido, aquilo que Lacan chamaria de lalíngua – ponto ao qual voltaremos adiante.

~

A partir das primeiras distinções já identificadas, vejamos, de acordo com o que foi podido estabelecer até agora, os esquemas a seguir. Eles descrevem, cada qual, algumas das diferentes formas de agenciamento dos estratos na linguagem (Figura 1.3).

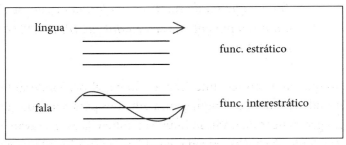

Figura 1.3

A partir de então, caso se esteja disposto a perscrutar a diversidade de relações possíveis entre os estratos supostos na língua, presentificadas nas diferentes manifestações linguísticas disruptivas – assim consideradas em relação ao que talvez se possa associar à fala vazia[15] –, concentremo-nos, por ora, naquilo que podem nos dizer o *som* e seus *descompassos*.

Zhuāng Zǐ, já no século IV a.C., havia voltado sua atenção para eles, ao dizer que:

> *Tudo ressoa, mal se rompe o equilíbrio das coisas.*
>
> *As árvores e as ervas são silenciosas: se o vento as agita, elas ressoam.*
>
> *A água está silenciosa: o ar a move e ela ressoa.*
>
> *As ondas mugem: é que algo as oprime.*

---

[15] Ver pp. 110-111.

A cascata se precipita: é porque falta-lhe solo.
O lago ferve: algo o aquece.
Os metais e as pedras são mudos, mas ressoam se algo
os golpeia.
Assim também o homem. Se fala, é porque não pode
conter-se. Se se emociona, canta. Se sofre, lamenta-se.
Tudo o que sai de sua boca em forma de som se deve
a um rompimento do seu equilíbrio. (Paz, 1997/2000,
pp. 72-73)

No que tange ao reconhecimento do papel preponderante da materialidade sonora da linguagem, atentemos para o fato de que os antigos gramáticos da tradição indiana também já asseveravam que "o signo *fônico* (*vācaka*) precede seu objeto ou significado (*vācya*)". Aos moldes de Pāṇini, então, poderíamos fatalmente concluir, como faz o indologista David Shulman, que a palavra "indica não a si mesma, não a sua sequência sonora audível; não seu sentido usual nem nenhum de seus sinônimos, e sim um determinado padrão fônico" (Shulman, 2007, pp. 337-338). Por sua vez, as análises das constatações anagramáticas saussurianas – que, notadamente, brotavam aos seus olhos bem mais do "que teriam permitido só os encontros do acaso" (Starobinski, 1971/1974, p. 94) – também vão suscitar estas perguntas decisivas que surtirão efeitos muito além do âmbito da ciência linguística: acaso a fonia ocupa um lugar privilegiado frente ao sentido, uma espécie de anterioridade? Seria lícito falar, então, de uma *primazia da imagem acústica*, isto é, do significante?

Nessa direção, lembremos que Lacan inverterá o esquema apresentado no *Curso*: colocará o significante acima do significado e entenderá a barra que os separa como resistência. É preciso atentar para o fato, aliás, de que não entende esse gesto como subversão, mas justamente como a restituição do valor da própria obra em jogo: "o signo assim redigido", escreveria ele, "merece ser atribuído a Ferdinand de Saussure" (Lacan, 1957/1998b, p. 500; cf. também Lacan, 1956/1998a, pp. 469-470; e Nancy & Lacoue-Labarthe, 1973/1991, pp. 41-ss.). Além disso, assentar o *conceito* por sobre a *imagem acústica* faz fatalmente ecoar um ruído capaz de sugerir que o *Curso*, muito embora contrarie a ideia de que a linguagem seria expressão do espírito, possa tropeçar em suas próprias pernas; afinal, apesar da caracterização do pensar, em si, como nebulosa indistinta que dependeria do signo para marcação de limites em sua matéria (Saussure, 1916/1972, p. 130), ali também se pode encontrar afirmado, por exemplo, que, "pelo simples fato de que se compreenda um complexo linguístico . . ., tal sequência de termos constitui a *expressão adequada do pensamento*" (Saussure, 1916/1972, p. 162, grifos meus).

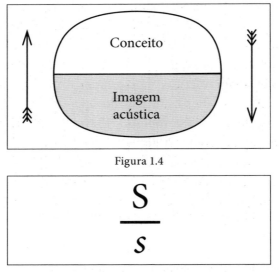

Figura 1.4

Figura 1.5

Lacan, portanto, não apenas dá ao signo o estatuto e a pujança que Saussure lhe teria atribuído, mas também reconhece a legitimidade de seu empreendimento; e, situando o seu vigor justamente na tensão constante que lhe diz respeito, desvia dos trabalhos do linguista algumas falácias possíveis à leitura da coletânea estabelecida dos seus cursos. Não obstante, é da psicanálise que vêm as questões que movem o primeiro, e não da linguística: os frutos dessa sua leitura da obra de Saussure – naquilo em que essa obra se deixa guiar pela natureza ímpar de seu objeto, dele propondo uma escrita – reverberam, então, na doutrina psicanalítica. Com isso, abre-se aí lugar para a entrada de outro termo na série *língua*, *fala* e *linguagem*; série que, nas palavras de Milner, "receberá efetivamente sua lógica do termo que lhe é exorbitante, e que ela é feita para obliterar": *lalíngua* – aquilo por meio do qual há tanto língua quanto inconsciente (Milner, 1978/2012, p. 26).

Em lalíngua o significante não se atrela com o sentido e, diferentemente do simbólico, ela "não é um corpo, mas uma multiplicidade de diferenças que não tomou corpo" (C. Soler, *apud* Lemos, 2009/2010, p. 56). No entanto, o leitor atento não veria nessa definição justamente o eco daquilo a que, em última instância, responderia em Saussure o conceito de língua – como pura diferença –, como observado anteriormente? Pois bem, logo voltaremos a essa questão, haja vista a necessidade que se impõe de administrar a agudeza do que aí está em causa. Mas atentemos, por ora, no essencial, condensado por Colette Soler ao pontuar que lalíngua "não é um conjunto, não é uma estrutura, nem de linguagem nem de discurso, pois não há ordem em *lalíngua*". Trata-se, pois, de uma instância "a-estrutural do aparelho verbal" (C. Soler, *apud* Lemos, 2009/2010, p. 56).

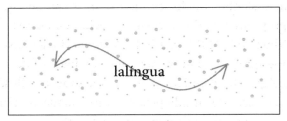

Figura 1.6

Ademais, para Lacan, lalíngua tem a ver com a língua materna, dado que ecoa *lallare* – "verbo latino que designa o fato de cantar 'lá-lá', dizem os dicionários, para adormecer as crianças", e que "designa o balbucio da criança que ainda não fala, mas já produz sons" (C. Soler, *apud* Lemos, 2009/2010, p. 56; Lacan, 1972-1973/2008c, p. 148). Dito isso, o fato de não haver cadeia significante que deixe de sustentar, "como que apenso na pontuação de cada uma de suas unidades, tudo o que se articula de contextos atestados na vertical, por assim dizer, desse ponto" (Lacan, 1957/1998b, pp. 506-507) é justamente o que a fala da criança ressalta em sua experimentação dos efeitos das impressões vindas do Outro, bem como em seu tateamento dos limites dessa língua que ainda lhe é francamente estrangeira – de modo a estar em atividade explícita essa polifonia de que falava Lacan, uma vez que o ofuscamento da não linearidade significante ainda não teria sido colocado em cena.[16]

Uma vez nos domínios dos estratos, porém – se "*lalíngua* é, em toda língua, o registro que a fada ao equívoco" (Milner, 1978/2012,

---

[16] Lembremos, no entanto, que nenhuma das relações estruturais em jogo para a criança está ausente na fala do adulto, "que está longe de ser homogênea ao longo de diferentes tipos de discursos e situações. Dizer que [elas] são submetidas à obliteração não significa que foram anuladas", portanto (Lemos, 2000, p. 180).

p. 21), e se o equívoco se constrói por uma suspensão desses estratos –, entendemos que ela vai se manifestar na língua justamente pela dimensão da fala, já que tudo o que assinala o equívoco, "tudo aquilo que sustenta o duplo sentido e o dizer em meias-palavras", trata-se propriamente do "incessante tecido de nossas interlocuções" (Milner, 1978/2012, p. 17). E, desse modo, a construção do equívoco se apresentará num momento em que, na fala, a progressão cronológica do material fônico – o que suporta a ilusão de sua linearidade – será destituída pela não linearidade de lalíngua (no esquema, a seta pontilhada que se torna cheia):

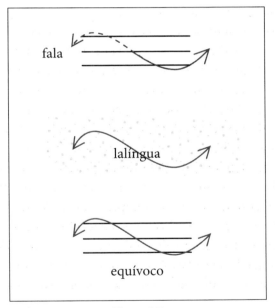

Figura 1.7

O equívoco se constitui, assim, mediante uma desestabilização da linearidade suposta/custeada à progressão da fala, no esteio de seu funcionamento interestrático, inscrevendo a estrutura de um paradoxo. É nesse sentido que se pode dizer que a manifestação

64 A MEDUSA E O ESPELHO: FERDINAND DE SAUSSURE E A DIFERENÇA

do sujeito na língua não se encerra na possibilidade de dizer *eu*, ou nos performativos, por exemplo – haja vista, na vigência da linguagem, justamente uma distinção entre a dimensão da fala e a do equívoco, uma não podendo de modo algum ser reduzida à outra. A primeira implica o sujeito que desponta (possível) entre os estratos emaranhados, fazendo papel de lugar vazio, pivô de um cálculo entre dois significantes. A segunda, por sua vez, supõe sempre uma escrita (contingente), na medida em que é apenas a leitura daquilo que, da cadeia significante, sobrevém enquanto *letra* – a escrita na fala (Lacan, 1975-1976/2007, pp. 504-505) – que pode nos garantir reconhecer aí o equívoco como tal. Era, aliás, o que explicitava Lacan (1971/2009) ao dizer que "só existe *lapsus calami* [lapso de escrita], mesmo quando se trata de um *lapsus linguae* [lapso de língua]" (p. 84).

Noutro momento, porém, Lacan falará disso por outro viés, dizendo que "o que se modula na voz não tem nada a ver com a escrita", pois a escrita viria de um lugar diferente daquele do significante. No entanto, se a escrita será precisamente entendida como "um saber que dá suporte ao pensamento", e se, para pensar, nós nos apoiamos "contra um significante" (Lacan, 1975-1976/2007, pp. 141, 140, 151), o que a fala carrega da letra, que lhe é por certo heterogênea, não oculta os indícios do contato constante (litoral, por que não?) que elas entretêm. Nessa toada, se assumirmos as imbricações entre letra e real,[17] seremos capazes de reconhecer que não é por menos que só o escrito é capaz de interrogar verdadeiramente a linguagem, algo que da própria linguística se pôde alegar (cf., respectivamente, Lacan, 1971/2009, pp. 59-60, 114; e Auroux, 1992, p. 22). Assim, os equívocos, feito decalcadores de escrita, suscitam, para além do sujeito enquanto "a própria estrutura da cadeia" – nos

---

[17] "Não imaginamos a que ponto se rateia na escrita. O *lapsus calami* não é primeiro em relação ao *lapsus linguae*, mas pode ser concebido como o que toca o real" (Lacan, 1975-1976/2007, p. 149).

termos de Jean-Luc Nancy e Philippe Lacoue-Labarthe (1973, p. 78) –, o bordejamento do real de lalíngua enquanto impossível.

Isso especifica o emprego dos pronomes pessoais, dos insultos e exclamações, que apontam para esse desnudamento do sujeito nos domínios da língua – suspendendo aquilo que, enquanto estabilização, designa justamente um intervalo entre os fatos de fala –, sem por isso constituírem necessariamente equívocos. E não fica difícil concluir, dessa maneira, que o que Saussure estabeleceu não é uma propriedade do verso antigo nem da poesia, mas um predicado da própria língua; isso na medida em que, afetada pela possibilidade – ou certeza? – constante da fala, a língua se vê corrompida pela reiteração fônica mobilizadora do funcionamento interestrático.

No que diz respeito à teoria, então, a língua pode ser concebida como o movimento de forçagem em prol de um isolamento cujas racionalidade e arbitrariedade integrais não se poderiam garantir:

> *se o mecanismo da língua fosse inteiramente racional, poderíamos estudá-lo em si mesmo; mas como não passa de uma correção parcial de um sistema naturalmente caótico, adota-se o ponto de vista imposto pela natureza mesma da língua, estudando esse mecanismo como uma limitação do arbitrário. Não existe língua em que nada seja motivado; quanto a conceber uma em que tudo o fosse, isso seria impossível por definição. (Saussure, 1916/1972, p. 154)*

No que respeita ao falante, contudo, a língua não passa de um intervalo entre as manifestações da fala, no retorno veiculado a ele mesmo de seus próprios enunciados; ou, após ouvido o enunciado de outro falante, no recorte da fala alheia em questão – sem minimizar, no segundo caso, o papel de sua própria implicação no procedimento, uma vez que, ao ter optado por uma leitura ou outra daquilo que ouvira, o próprio sujeito dá a ver algo de si (cf. Milner, 1978/2012, p. 116).

Nesse sentido, pois, a fala sucede e precede logicamente a língua, que está sempre apta a sofrer esta espécie de abalo: ser revirada por aquilo que, da primeira, é capaz de reorganizar a interferência dos estratos em favor do posicionamento subjetivo na tomada do falante. E, do mesmo modo, na ronda pela segmentação das cadeias significantes, a língua também está à espreita para distribuir em seus varais os embaraços recebidos da fala, seja ela a do próprio locutor ao se ouvir, seja a de um outro falante qualquer. E isso a todo custo; afinal, "uma cadeia significante engendra sempre, qualquer que seja ela, desde que gramatical, uma significação, e eu diria mais: qualquer uma" (Lacan, 1964-1965, sessão de 2 de dezembro de 1964).

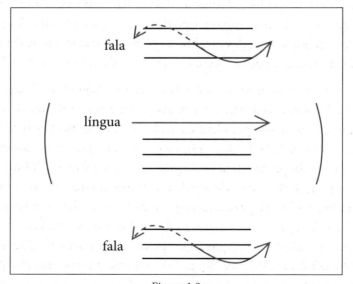

Figura 1.8

~

A possibilidade do anagrama contribui também para mostrar que "se vai muito longe na elaboração dos efeitos da linguagem, posto que nela se pode construir uma poética que nada deve à referência ao espírito do poeta nem tampouco à sua encarnação", como aventa Lacan (1965/1998d, p. 875). A partir da figura do versificador clássico, portanto, o poeta vai poder ser despojado da sua verve e entendido não propriamente como lugar-tenente do efeito poético, mas como alguém capaz de padecer de amores pela língua; amores que, todavia, comportam uma considerável especificidade. Trata-se do que Roland Barthes, evocando Lacan a propósito de Sade, havia assinalado ao dizer que, embora nenhum objeto mantenha uma relação constante com o prazer, para o escritor esse objeto existiria: a *língua materna*. Dito isso, pode-se conceber o poeta como apenas alguém capaz de "levar essa propriedade da linguagem a seus últimos limites" (Gadet & Pêcheux, 1981/2004, p. 58); ou ainda, como "alguém que brinca com o corpo da mãe . . . para glorificá-lo, para embelezá-lo, ou para desmembrá-lo, para levá-lo até o limite daquilo que, do corpo, pode ser reconhecido" (Barthes, 1973/1988, p. 78).

Saussure, com seus cadernos sobre os anagramas, "persegue a similitude, o eco esparso em que se deixam capturar, de uma maneira quase sempre idêntica, as linhas de um primeiro corpo" (Starobinski, 1971/1974, p. 45), ainda que não possuísse garantias tangíveis da plausibilidade daquilo que o arrebatava. Tanto que no ano de 1906, ele se denuncia a Antoine Meillet afirmando ser "quase impossível, para aquele que tem a ideia, saber se está sendo vítima de uma ilusão ou se algo de verdadeiro está na base da sua ideia", ou ainda "se o que há é apenas meia verdade" (Saussure, *apud* Jakobson, 1971/1973b, p. 191). Os anagramas delatam, pois, uma determinada relação que o campo do poético parece ter com o amor e com o não saber, na medida em que ele atravessa o próprio poeta, fugindo ao seu poderio, e aponta justamente para um saber que não se sabe – fato que chamaria não somente a atenção de Saussure, como também a de um de seus ilustres contemporâneos, Sigmund Freud:

> *a nós, leigos, sempre intrigou imperiosamente saber de onde essa maravilhosa personalidade, o poeta, obtém seu material . . . e como consegue com ele nos comover, provocar em nós excitações das quais talvez sequer nos imaginaríamos capazes. Nosso interesse não fará senão aumentar, dado que o próprio poeta, se o interrogamos, ou não nos dará informação alguma ou ela não será satisfatória; e sequer será abalado ao sabermos que nem a melhor intelecção das condições sob as quais ele escolhe o seu material, e sobre a arte com que os plasma, em nada nos ajudará a nos tornarmos, também nós, poetas. (Freud, [1907]1908/2015a, p. 53, trad. modificada)*

Em resumo, "o poeta, tendo dito tudo o que tinha a dizer, fica estranhamente mudo. Todas as hipóteses podem suceder-se a seu respeito: ele não aceita nem recusa" (Starobinski, 1971/1974, p. 109). Assim, é importante asseverar que as elaborações que, sob efeito desse não saber, se deflagram com a obra de Saussure remetem à importância assumida por ela na teorização psicanalítica feita por Lacan.

Porém, se os efeitos dessa construção na ciência da linguagem não cessaram aí, já que "o que nela foi inaugurado continua a se manifestar por efeitos paradoxais" (Gadet & Pêcheux, 1981/2004, p. 55), essas decorrências se deixam entrever num segundo momento, na obra de um estudioso que teve uma relação não apenas intensa, mas também explícita, com as mais diversas facetas da linguagem; e que, ademais, produziu uma obra não menos interessante ao campo da psicanálise (Milner, 1992/2010, p. 185). Afinal, Roman Jakobson, em seu percurso intelectual, na tentativa de assinalar e exercer o seu entendimento unificador a respeito da vasta tarefa do linguista por ele reconhecida, não teria como deixar de sofrer abertamente as agruras da linguagem, e isso a despeito de qualquer função que esta exerça para quem é falante ou para aquele que, afetado pela poesia, venha a se pretender teórico.

Recorte de *Tantale* (Tântalo), gravura de Cornelis Bloemaert (1603-1692)
Fonte: Marolles, M. de (1655). Livre VII: La mort, le Deüil, les Enfers, & le
Sommeil. In *Tableaux du temple des muses*. Paris: Antoine de Sommaville.

2. Tântalo e a iminência: Roman Jakobson e a simetria

Mas investigação alguma em Cambridge foi conduzida com tamanha avidez ou me deu tamanho prazer como colecionar besouros . . . certo dia, ao arrancar uma casca velha, vi dois besouros raros e apanhei um em cada uma das mãos. Daí avistei um terceiro e novo tipo, que não suportaria perder; e foi então que lancei na boca aquele que estava segurando com a mão direita. Misericórdia! Ele lançou um fluido de um acre intenso que me queimou a língua, de modo que me vi forçado a cuspir fora o tal besouro – que se perdeu, assim como o terceiro.

Darwin, *The autobiography...*, 1969/2005.

Diferentemente de Saussure, a relação de Roman Jakobson com a arte é flagrante. Tão pungente e de tamanha amplitude, ela abarcaria, por exemplo, até as manifestações populares camponesas não datáveis do universo eslavo – tanto que a sua ocupação favorita era colecionar dados folclóricos e dialetais (Toman, 1995, p. 9). Isso nunca significou, porém, uma ortodoxia ou um anacronismo de sua parte: paralelamente a esse interesse histórico basilar, Jakobson também se viu notadamente guiado pelos movimentos artísticos a ele contemporâneos, no início do século XX, e de um modo não menos capital, convivendo com diversos artistas (entre eles: Kazimír Maliêvitch, Pável Filônov e Olga Rôzanova), bem como com a ala poética vanguardista da Rússia soviética (Vladímir Maiakóvski, Ôssip Brik, Aleksiêi Krutchônikh, Vielimír Khliêbnikov, Ôssip Mandelshtám, entre outros).

Nesse período eram vários os envolvidos em atividades multissemióticas, dentre os quais podemos evocar os próprios Maiakóvski (com leituras públicas e a elaboração de material gráfico panfletário) e Maliêvitch (com a escrita de versos). Citemos aí inclusive Jakobson, com sua aproximação das artes visuais, sendo que a "interação da arte verbal com a arte representativa" e o "emaranhamento de correspondências entre as funções da gramática na poesia e as da geometria relacional na pintura", por exemplo, despertavam o seu ávido interesse (cf. Jakobson, 1961/2004a, p. 78), assim como lhe chamava a atenção o cinema.

Uma vez, então, que a atenção voltada por ele à poesia ultrapassa de longe o diletantismo, no anseio de praticar uma visão intelectual de mundo integrada,[1] vê-se permitido – e, talvez, até mesmo exigido – que as suas apreciações do poético encontrem lugar no seio da ciência que o legitima enquanto pesquisador: a linguística. Mais de uma vez, com efeito, o autor parafraseará a si mesmo dizendo que, sim, "a análise da arte verbal encontra-se no âmbito imediato dos interesses e tarefas vitais do linguista" e que, sem sombra de dúvida, "impõe-lhe máxima atenção às complexidades da poesia e

---

[1] "Ele parece ter . . . uma lealdade dupla incomum: à academia e à arte. Como veremos, contudo, a dualidade era apenas aparente. O empenho por manter uma visão intelectual de mundo única e unificada foi, de fato, a pedra angular do programa vanguardista" (Toman, 1995, p. 7).

da poética" (Jakobson, 1967/2004b, p. 20). E uma postura dessas, no entanto, destoará com toda força tanto das de outros estudiosos da linguagem que o precederam quanto das de seus coetâneos,[2] de modo que é patente a lição de radicalidade contida em sua obra. "A visada para o futuro", como sustenta Boris Schnaiderman (1970/2004), "faz com que ele esteja sempre na frente das correntes críticas de seu tempo" (p. 177), e é nesse sentido que se pode afirmar, de igual maneira, que a sua linguística mira além da linguística então vigente (Lemos, 2009, p. 209).

Por ora devemos aclarar que essas complexidades apontadas por ele se originariam das características em jogo primordialmente na poesia, enquanto foro privilegiado daquilo que ele havia chamado de *função poética* da linguagem, consagrada num texto que se tornaria fundamental para pensar não apenas o poema enquanto *um* terreno fecundo a determinadas especificidades da língua, mas como um terreno *entre outros* – e cujo limite desafia o juízo de quem se propõe a demarcá-lo –: trata-se de "Linguística e poética", conferência ministrada em 1958 cuja publicação data do ano de 1960.

Jakobson apresentou ali um número de funções, totalizando seis, cada qual com atributos que as particularizam: referencial, emotiva, conativa, fática, metalinguística e poética. Todas estariam presentes nas manifestações linguísticas, mas em diferentes graus de relevância conforme a natureza do dado em questão – vez por vez um elemento da estrutura comunicacional estando no centro do processo e assinalando, assim, cada uma das diferentes funções. Com isso teremos, respectivamente: função referencial, centrada no referente (contexto); emotiva, no remetente; conativa, no receptor

---

[2] Sabe-se que Baudouin de Courtenay, por exemplo, "um dos iniciadores da moderna linguística estrutural, . . . escreveu artigos violentos contra as incursões dos poetas cubofuturistas russos no terreno da teoria da linguagem" (Schnaiderman, 1970/2004, p. 180).

76 TÂNTALO E A IMINÊNCIA: ROMAN JAKOBSON E A SIMETRIA

(destinatário); fática, no contato (canal); metalinguística, no código. E, muito embora outras formulações calcadas no que poderíamos chamar de uma *teoria humoral da linguagem* já tivessem sido – ou o seriam, posteriormente – desenvolvidas, é a proposta de Jakobson que se tornaria um clássico.[3] A função poética, por fim, no que lhe cabe, seria aquela em que há o "pendor (*Einstellung*) para a mensagem como tal, o enfoque da mensagem por ela própria" (Jakobson, 1960/2008, pp. 127-128), com seu principal avatar sendo muito precisamente a poesia, como o nome já faria supor; e esta, por sua vez, constituindo a via régia para depreendermos os efeitos que caracterizam essa função.

REFERENCIAL

EMOTIVA ——— POÉTICA ——— CONATIVA

FÁTICA
METALINGUÍSTICA

Figura 2.1

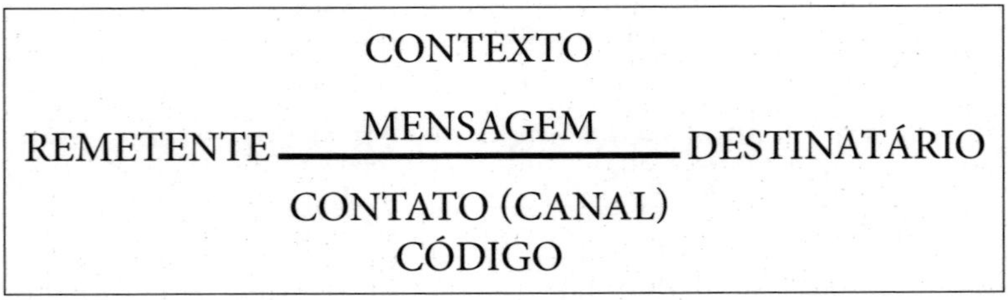

CONTEXTO

REMETENTE ——— MENSAGEM ——— DESTINATÁRIO

CONTATO (CANAL)
CÓDIGO

Figura 2.2

---

[3] Podemos citar, por exemplo: Bronisław Malinowski (1923) e Karl Bühler (1934); Desmond Morris (1967) e James Britton (1970). Cada um desses pesquisadores acabou por orientar e tirar consequências de pesquisas com as funções da linguagem de acordo com seu ramo de atuação – antropologia, psicologia, comportamento animal e pedagogia, respectivamente (cf. Halliday, 1985/1989, pp. 15-16).

Na tentativa justamente de procurar definir as idiossincrasias implicadas pelo grau de importância da função poética na poesia, Jakobson dirá que nela, não só a sequência fonológica, mas "qualquer sequência de unidades semânticas tende a construir uma equação". Assim, "a similaridade superposta à contiguidade comunica à poesia sua radical essência simbólica, multíplice, polissêmica", de modo que nela toda metonímia é um pouco metafórica e toda metáfora possui traços metonímicos (Jakobson, 1960/2008, pp. 149-150). É precisamente o que poderíamos identificar, por exemplo: nas análises em que ele discorre sobre as recorrências nos recitativos populares russos; naquelas sobre o oxímoro em Fernando Pessoa e a paronomásia em "O Corvo", de Edgar Allan Poe; ou, ainda, naquelas sobre os anagramas em William Shakespeare (cf. respectivamente, Jakobson, 1961/2004a, pp. 69-71; 1968/1990; 1942-1943/1977; Jakobson & Jones, 1968/1990, pp. 109-126). Nas análises em que trata, portanto, da complexidade e da importância daquilo que está ali em jogo, isto é, a relação entre repetição e variação, entre mesmo e diferente – que, aliás, nunca deixaria de cativá-lo.

Apesar de termos acabado de divisar aqui alguns exemplos de obras literárias, Jakobson não se absteve de fazer, no célebre artigo, a seguinte ressalva a respeito das particularidades atinentes à função poética e à poesia como tal: "qualquer tentativa de reduzir a esfera da função poética à poesia ou de confinar a poesia à função poética seria uma simplificação excessiva e enganadora" (Jakobson, 1960/2008, p. 128). Sustenta-se a ideia, portanto, de que o poético ultrapassa os limites da própria poesia, e que a incerteza que se colocaria em jogo pela função poética perfaz a linguagem como um todo.[4] E assim é preciso também ressaltar que, de certo modo, conforme suas elaborações, a poesia passa a ser julgada por critérios aplicáveis a toda

---

[4] Hipótese sustentada por Jan Mukařovský já em 1936. Teórico e crítico literário tcheco, Mukařovský foi membro, assim como Jakobson, do Círculo Linguístico de Praga (cf. Kloepfer, 1975/1984, p. 48).

e qualquer manifestação linguística de outra ordem – o esforço de definir seu estatuto singular não deixando de acomodá-la, em certa medida, no lote comum dos dados de língua.

Em todo caso, o fato de considerar o poema um lugar privilegiado de uma função, ainda que o seu exercício não se restrinja a ele, instaura, para as próprias formulações do autor, determinadas exigências. Afinal, tampouco se pode negar, como bem atentaria Richard Bradford, que "a teoria jakobsoniana da poesia é obviamente motivada pela crença – no seu caso, a certeza verificável – de que a estruturação e a significação poéticas são intrinsecamente diferentes de qualquer outra forma de discurso linguístico" (Bradford, 1994/2005, p. 41). Logo, urge problematizar o que diz respeito à especificação daquilo que se pode chamar de poesia em meio ao que tenha algum parentesco identificável com a função poética, sem que por isso constitua poema.

Para pensar as particularidades em jogo no que se poderia chamar de linguagem poética frente à linguagem em suas outras funções e, dentro das produções poéticas, entre as manifestações artísticas de um período frente às de outro, será bem-vindo, embora opaco – mas também justamente por isso –, o conceito de *dominante* (Jakobson, 1935/1983). Por meio dessa concepção já circulante entre os formalistas russos desde 1920, em 1935 o autor procurou aprofundar o fato de que os elementos identificáveis numa amostra de língua não se restringem a determinada variedade da linguagem, mas que, em certos momentos – e isso devido a fatores não inerentes ao próprio material verbal (externos a ele, portanto) – umas se sobressaem vigorosamente enquanto outras estão apenas relegadas a um segundo plano.

Nesse movimento, Jakobson também é levado a supor que não será do lado dos teóricos que vai poder encontrar aquilo que procura. Afinal, "os recursos poéticos ocultos na estrutura morfológica e sintática da linguagem, em suma, a *poesia da gramática*, raramente foram reconhecidos pelos críticos, e os linguistas os negligenciaram de todo" (Jakobson, 1960/2008, p. 157, grifos meus). É aí, pois, que a figura do poeta, transitando por entre as artimanhas gramaticais e as sujeições à história, vem à tona dotada de uma grande relevância, tornando-se uma garantia palpável para isolar aquilo que, da função poética, faz constituir poesia. Aliás, num modelo em que todos estão presentes (emissor, receptor, referente, canal, código e mensagem), assumindo os seus lugares numa cena de *comunicação*, ao poeta não custaria vir fazer o papel que supostamente lhe caberia.

Uma vez necessário recorrer aos sujeitos que fazem poesia, já que os recursos correlatos da função poética da linguagem sempre foram "magistralmente dominados pelos escritores criativos" (Jakobson, 1960/2008, p. 157), considera-se que são os poetas e seus devaneios, em particular – mas também, de modo geral, certos sujeitos inscritos em suas respectivas épocas –, que colocam em cena a imprevisibilidade com que se depara quem se debruça sobre os textos ditos poéticos.[5] Assim, contrastada ao corolário das indagações de Saussure sobre o "furor do jogo fônico" (Saussure, 1908/1964b, p. 118), a questão com Jakobson constituirá um deslocamento radical. Se, com o primeiro, "o número de exemplos não pode servir para verificar a intenção que pôde presidir o fato" anagramático – "ao contrário, quanto mais o número dos exemplos se torna considerável, mais motivo existe para pensar que é o jogo natural das possibilidades com as 24 letras do alfabeto que deve produzir quase regularmente essas coincidências" (F. de Saussure,

---

[5] "Surpreendem-no simetrias e antissimetrias inesperadas, notáveis; as estruturas balanceadas; a acumulação eficiente de formas que se equivalem e contrastes que sobressaem; e, por fim, as eliminações – consequentes e severas restrições no repertório dos constituintes morfológicos e sintáticos utilizados no poema –, as quais permitem, por outro lado, acompanhar a hábil integração dos constituintes nele realizados" (Jakobson, 1961/2004a, p. 73, trad. modificada).

apud Starobinski, 1971/1974, p. 105, trad. modificada)[6] –, com o segundo a coisa muda substancialmente de figura.

Na pena de Jakobson, a poesia escorrega para as mãos daquele que a cria – o que não espanta, uma vez que o modelo jakobsoniano das funções da linguagem é, como foi dito, comunicacional. Doravante, a problemática do poético se engancharia no poeta, em seu mundo gramatical e nas suas circunstâncias (em suma, na sua desenvoltura em trabalhar a determinada função), colocando em causa aquilo que o diferenciaria, enquanto usuário da língua, de uma pessoa qualquer, ou ainda de um louco ou de uma criança – se levarmos em consideração que, para estes, a palavra também sugeriria ter um valor independente, assim como na poesia, então entendida justamente como "o dar corpo à palavra com valor autônomo, à palavra 'autônoma'", como dizia Khliêbnikov (Jakobson, 1919/1973a, p. 15).

Para fazermos as devidas diferenciações, portanto, temos de recorrer ao fato de que, para o poeta, haveria um determinado saber em jogo, um saber capaz de produzir o imprevisível essencial ao poético. Conforme as elaborações jakobsonianas, portanto, existe notadamente uma espécie de *ingerência voluntária* do sujeito na língua de forma a engendrar o poema – e a recuperar os seus efeitos em sua escuta própria desse inesperado – que não existe na loucura, uma vez que o poeta seria "alguém que cria deliberada e conscientemente desequilíbrios entre as cadeias sintagmáticas e paradigmáticas, alguém que pisa leda e promiscuamente entre duas condições linguístico-mentais que, isoladas, são consideradas deficiências", como observa Bradford (1994/2005, p. 11). Simultaneamente, essa intervenção do poeta no que diz respeito à natureza do texto por

---

[6] Trecho da segunda e última carta enviada a Giovanni Pascoli, em 6 de abril de 1909. De acordo com os estudiosos dos trabalhos de Saussure sobre o fenômeno anagramático, essa missiva marcaria o término da referida investigação.

ele produzido também o diferencia da fala da criança, tanto no que ela manifesta, em geral, de paralelístico – em que a diferença não tem efeito de inesperado (Lemos, 2000/2006, p. 106) – quanto, mais especificamente, nos seus desvios com relação à fala do adulto. Como conclui Claudia Lemos, afinal, em seu vasto percurso de investigação sobre a fala da criança, assimilar à poesia os erros da criança, por mais poéticos que possam parecer, "é um equívoco que reduz o fazer poético, já que dele não se pode excluir o reconhecimento, pelo poeta, de uma ordem estética enquanto ruptura da linguagem" (Lemos, 1995, s.p.).

~

As elucubrações suscitadas pela proposta jakobsoniana sobre a especificidade do saber em jogo para o poeta são, sem dúvida, importantes, ao menos pelas inquietações que suscitam. Contudo, cabe-nos aqui interrogar quais os seus efeitos em termos de teorizar o que ocorre na poesia; e, para tanto, por ora deixaremos em suspenso a figura daquele que escreve, vendo-nos obrigados a insistir noutro ponto. A saber: se Jakobson acompanha Gerard Manley Hopkins – que, em seu ensaio "Poetic diction" (Dicção poética), alega que "a estrutura da poesia é a de um contínuo paralelismo" (G. M. Hopkins, *apud* Jakobson, 1960/2008, p. 146) –, cumpre que nos aproximemos dessa questão para que possamos, assim, considerar honestamente a sua empreitada.

Sabe-se, em última instância, que, em se tratando de poemas, "uma sílaba é igualada a todas as outras sílabas da mesma sequência; cada acento de palavra é considerado igual a qualquer outro acento de palavra, assim como ausência de acento iguala ausência de acento" (Jakobson, 1960/2008, p. 130). Num primeiro momento, então, poderíamos atribuir o *paralelismo* – entendido como relação de equivalência – sobretudo à dimensão sonora do texto: seus constituintes fonológicos. Entretanto, conforme afirmaria o autor,

82 TÂNTALO E A IMINÊNCIA: ROMAN JAKOBSON E A SIMETRIA

um problema poético e linguístico da importância do paralelismo muito dificilmente poderia ser tratado de modo eficaz, caso fossem deixadas de lado as discussões a respeito dos aspectos gramaticais e lexicais: nos domínios da gramática, portanto, nada fará exceção ao assentamento, faceiro, de reiterações e desvios (Jakobson, 1961/2004a, pp. 70, 74).

Dito isso, será especificamente a partir da poesia, devido à concentração da mensagem sobre si mesma, que ficará explícito um *desligamento radical em relação ao referente*. Porém, não é apenas o tratamento específico do poético que o paralelismo incita e aclara, uma vez que os sistemas paralelísticos fornecem, inclusive, "uma visão direta da própria concepção dos falantes com respeito às equivalências gramaticais". De resto, ainda nas palavras de Jakobson, é justamente a análise dos tipos de licença poética que se dão no âmbito do paralelismo que pode nos oferecer diversas "pistas importantes para a interpretação do sistema de uma determinada língua e das classes em que se ordenam seus constituintes" (Jakobson, 1961/2004a, p. 70).

Desse modo, ademais, o cisma entre a linguagem e o referente se mostra vigorar não apenas no âmbito do poema, tendo em vista minimamente que é da natureza da própria linguagem que, como alertaria Lacan, "no que concerne à abordagem do que quer que seja que o signifique, o referente nunca é o certo" (Lacan, 1971/2009, p. 43). E o paralelismo, então, como indício desse retorno do mesmo na língua – sobre o qual repousa toda poesia, aliás (Milner, 1989, p. 53) – denuncia algo atinente à sua estrutura como tal. Em todo caso, não nos enganemos a respeito dessa questão: na pena de Jakobson, ele não vem corroborar a instalação do poético fora do jugo do falante; afinal, dar relevância à discussão dos significados gramaticais e lexicais não instaura, necessariamente, uma poética que se possa dizer tão só inerente à língua.

Assim, enquanto com Saussure notava-se que a poesia, interrogada pelo viés do anagrama, em última instância estaria absolvida da ciência do poeta; com Jakobson, pelo contrário, ver o poético como um determinado arranjo gramatical do qual se faz valer um falante, deliberada e conscientemente, exige que se lance mão dela – o que, acima, foi nomeado como um deslocamento radical de Saussure a Jakobson. Porém, nesse jogo de *tensões funcionais*, vemo-nos diante de um poeta que, apesar de crucial ao projeto jakobsoniano para a compreensão da poesia, talvez não se mostre garantia suficiente e inconteste para tanto.

~

Algumas considerações são possíveis. É fato que o que parece, verdadeiramente, é que, em certo sentido, a poesia atravanca o funcionamento do estruturalismo: afinal, como afirma Henri Meschonnic, ele teria se conformado com a gramática do relato; e, por exemplo, quando Roman Jakobson analisava poemas, isso teria se restringido à formalização estrutural, não dizendo nada a respeito do valor (Meschonnic, 1985, p. 190) – o que significaria não enfrentar o problema no nível dos signos em relação (isto é, no nível mesmo da língua), a ponto de afirmar que "a poética transcende o verbal" (Jakobson, 1960/2008, p. 119). Porém, como poderia ser diferente? Não nos esqueçamos, afinal, que para Jakobson a forma, ainda que evidenciada, restou submetida aos ditames da função.

Contudo, nesse movimento algo se destaca. Uma vez que anteriormente havíamos chegado a uma aproximação entre o entendimento de língua e lalíngua, dado que as duas estariam na pendência do primado da diferença, agora os entraves apontados por Meschonnic no percurso jakobsoniano possuem algo a nos dizer a esse respeito. Afinal, se a preocupação de Jakobson era com a formalização estrutural dos poemas, é justamente enquadrando a poesia do lado da língua, como pura diferença – e invariavelmente da fala, como afiançadora da estratificação – que esse processo se dará; ao passo que o paralelismo, se dele tiramos as mais profundas consequências, isto é, justamente no nível dos signos em relação, coloca tanto a poesia quanto a própria língua – enquanto aquilo de que a poesia se faz – na pendência de uma pura positividade, pairando então na órbita das semelhanças. Porém, positivo e negativo, tomados em sua generalidade, não se equivalem? Afinal, partindo do que Lacan havia evocado com relação à cardinalidade do todo – a saber, que algo deve se escrever como excludente a um determinado conjunto para que este seja dito um conjunto fechado, uma totalidade –, se a língua é puro negativo, algo precisa fazer barreira a isso: algo há de ser positivo, fazendo exceção a ela, a fim de que possa se manter em sua integral negatividade.[7]

Desse modo, não fosse a anterioridade lógica da segunda, dizer que tanto na língua quanto em lalíngua só há diferenças é fazer delas duas expressões da mesma coisa. Porém, enquanto a primeira conceitua o reino das negatividades – em que nada está em condições de dizer aquilo que é –, a outra se define como o império das positividades: assim, "o não idêntico que aí se manifesta pressupõe lalíngua enquanto *lugar em que se realiza o retorno do idêntico noutras formas*", ou seja, "*a repetição do significante em lalíngua não coincide com o espaço do repetível e que é próprio à língua, mas ela o fundamenta e, com ele, o equívoco que afeta esse espaço*". (Gadet & Pêcheux, 1981/2004, p. 55, trad. modificada, grifos meus). Dessa forma, lalíngua estenografa, no campo da linguagem, o que Saussure havia chamado de lado pitoresco de uma língua, na medida em que este se mostra não só "o que faz com que ela seja diferente de todas as outras" (Saussure, 1894/1964a, p. 95), mas também difira de si mesma.

---

[7] A isso responde, em Saussure, o conceito de *fala*.

É por essa via que, em toda e qualquer língua natural, um segmento pode simultaneamente ser ele mesmo e um outro, por meio da homofonia, da homossemia e da metáfora, mas também dos deslizamentos materializados nos lapsos e nos mais diversos jogos de palavras. E decerto, se *lalíngua* se constitui num tempo em que, no corpo, tudo o que vibra reiteradamente imprime por si só a sua marca, a palavra é, nesse sentido, justamente "o paradoxo, o milagre, o maravilhoso acaso de um mesmo ruído que, por diferentes razões, diferentes personagens, visando a coisas diferentes, fazem retinir ao longo de uma história", isto é, algo como "a série improvável do dado que, sete vezes seguidas, cai sobre a mesma face" (Foucault, 1970/1986, p. 31).

Torna-se a reconhecer, por um lado, que a língua se constrói retroativamente do mínimo ao máximo (do traço ao discurso), dando a ver suas unidades em sentido crescente: na toada da distinção possível aos elementos que a compõem, depositária do fato de que haja proibições, isto é, do fato de que há desvios reconhecíveis que pretensamente a delimitam.[8] Por outro lado, lalíngua mostra-se o oposto, e não seria na distinção e no limite que estaria a sua morada. Não por acaso, um daqueles a partir dos quais podemos perceber a sua lógica é o escritor Jean-Pierre Brisset, em sua investigação, relativamente tardia na história dos estudos linguísticos, por esclarecimentos sobre a origem (cf. Brisset, 1913/2001). Sua obra aponta justamente para o fato de que "antes das palavras havia as frases, antes do vocabulário havia enunciados, antes das sílabas e do arranjo elementar dos sons havia o murmúrio infinito de tudo o que se dizia" (Foucault, 1970/1986, p. 23). E a linguagem, entendida dessa forma,

> *essa linguagem que não tem absolutamente nenhuma existência teórica, intervém sempre sob a forma do que*

---

[8] Sobre o erro como limite da língua, cf. Souza Jr. (2014).

chamo com uma palavra que eu quis tornar a mais próxima possível da palavra lalação: lalíngua. . . . *Não é por acaso, de jeito nenhum, que em lalíngua, seja qual for aquela da qual alguém recebeu sua primeira marca, uma palavra seja equívoca. . . . É bem certo que é no modo pelo qual a língua foi falada, e também ouvida por este e aquele em sua particularidade, que algo depois irá ressurgir em sonhos, em toda espécie de tropeços, em toda espécie de modos de dizer. (Lacan, 1975/1985b, pp. 11-12)*

Lembremos que um ser falante está, afinal, já na pretensa homeostase do útero que o gesta, ressoando sob o efeito do emaranhado de falas provenientes daqueles que estão ao seu alcance auditivo. Desse contato pré-natal do ser falante com a linguagem, depreende-se que este está logo cedo sob efeito daquilo que vibra do outro, decalcando em seu corpo ainda em formação – pelo gotejo fônico ritmado oriundo dos dizeres daqueles que então o cercam – as primeiras marcas da sonoridade do devir-língua (Leite & Souza Jr., 2021). Assim, como Brisset ensina a Foucault, "o vocábulo só existe por fazer corpo com uma cena na qual ele surge como grito, murmúrio, ordem, relato;" e a sua unidade, por sua vez, atribui-se ao fato de que, cena após cena, "é o mesmo ruído que corre, o mesmo gesto sonoro que se destaca do burburinho e flutua um instante por sobre o episódio, como sua insígnia audível" (Foucault, 1970/1986, pp. 30-31).

Uma vez empossado pela linguagem, no entanto, o vínculo dessa repetida materialidade fônica com os barulhos dos quais aos poucos ela vai se distinguir não deixaria de retornar ao falante. Se a sonoridade do verbo, outrora ruído, foi esvaziada para que a palavra atingisse um significado (simulacro de um referente), a própria palavra também pode revelar o seu avesso de "charada sincopada/ Que ninguém da roda decifra nos serões da província" (Pessoa, 1931/1992, p. 44): ser apreendida como a sulcagem sonora exercida pelos elementos de uma língua materna descrevendo caminhos que, no contratempo, não levam a referente algum – muito embora os percursos não sejam inertes, pois estão carregados de afetos, aos quais o sujeito está exposto tão logo entre em contato com o dizer do Outro.

O que complexifica esse cenário, porém, é que verso e anverso parecem estar aí em continuidade. Em última instância, portanto, estaremos sempre na iminência de ressoar ao timbre de um dizer, aos sons de uma língua que "crava as sílabas no corpo, devolve-lhe as funções de gritos e de gestos; reencontra o grande poder plástico que vocifera e gesticula; recoloca as palavras na boca e ao redor do sexo", como descreve Foucault – em resumo, que "faz nascer e desvanecer num tempo mais rápido que todo pensamento um turbilhão de cenas frenéticas, selvagens ou jubilatórias, de onde as palavras surgem e que as palavras convocam" (Foucault, 1970/1986, pp. 42-43).

Ora, se assumirmos, ainda na esteira de Foucault, que "ouvido zunindo, repetições instáveis, violências e apetites desenfreados" são coniventes com o poético – isto é, que esse extremo de Brisset, "o da inebriação e da dança, o da gesticulação orgíaca", é o "ponto de irrupção da poesia e do tempo abolido, repetido" (Foucault, 1970/1986, p. 52) –, perceberemos que Jakobson não estaria mesmo propenso a topar, no nível da *forma*, estivesse ela turvada pela trama imaginária da *função*, com aquilo que o primeiro fora capaz de encontrar na lida psicótica com as engrenagens da palavra bruta; na revelação dos dissabores do sexual,[9] a que o verbo, para

---

[9] "Todos os vocábulos estavam na boca; tiveram de estar aí postos numa forma sensível, antes de adquirirem uma forma espiritual. Sabemos que o ancestral

88 TÂNTALO E A IMINÊNCIA: ROMAN JAKOBSON E A SIMETRIA

alguns – chamemo-los de neuróticos –, vem procurar a suplência pela via de uma relação falaciosa.

~

Jakobson, no entanto, ainda que tenha resvalado para o humanismo em suas considerações, fazendo do poema um depositário da cultura (Milner, 1978/2012, p. 90), traz contribuições fundamentais para o entendimento do poético, sobretudo na medida em que seu objeto de estudo o encurralava nos domínios de sua própria disciplina, quanto mais abrangente ele propunha considerá-la. Apesar da estranheza quanto ao fato de seus métodos de análise comportarem as noções pseudomísticas de *transmentalidade*[10] e de *intercâmbio subliminar* (cf. Jakobson, 1970/2004d), por exemplo, é notadamente a peculiaridade de seus expedientes que tem o importante papel de denunciar a fronteira débil, em se tratando de poesia – e, por que não, de língua –, entre o malogro e o sucesso de uma teoria possível. Mas por que poderíamos dizer que a importância das suas contribuições será diretamente proporcional à grandeza dos seus impasses? Será o fato de ele ter sido reconhecido por Lacan que talvez nos indique o caminho de uma resposta possível; caminho que "passa pela indagação sobre o poeta, isto é, pela particular relação que o poeta entretém com a língua e pelo que, nessa relação, aponta para o vínculo entre língua e inconsciente", nas palavras de Lemos (2009, p. 216).

---

não pensava, no princípio, em oferecer de comer, e sim uma coisa para se adorar, um objeto santo, uma sacra relíquia que era o seu sexo a afligi-lo" (J.-P. Brisset, *apud* Foucault, 1970/1986, p. 41).

[10] No contexto do cubofuturismo russo, a transracionalidade ou transmentalidade – ou, ainda, linguagem transmental – é uma linguagem que "corrói ou ignora os significados convencionais de uma determinada palavra, permitindo assim que o seu som gere o seu próprio círculo de significações, ou, em sua forma mais extrema, a invenção de novas palavras baseadas puramente no som" (Perloff, 1986/1993, p. 214).

O FLUXO E A CESURA 89

Entre as constatações atingidas por meio de suas pesquisas – não sem a interlocução de Nikolai Trúbetskoi,[11] vale ressalvar –, aquelas relativas ao universo sonoro são as mais pungentes. Podemos asseverar que os avanços das investigações de Jakobson terão a sua mais importante figuração no que constituirá, segundo Milner (1977), o grandioso de sua obra: a identificação de uma antinomia operando no fonema (p. 91). Como apontara Saussure (1916/1972), "soma das impressões acústicas e dos movimentos articulatórios da unidade ouvida e da unidade falada, das quais uma condiciona a outra", o fonema já consiste numa "unidade complexa, que tem um pé em cada cadeia": articulatória e acústica (p. 51). Não por menos será precisamente a respeito desses marcadores mínimos do (im)passe de sentido que Giorgio Agamben (1978/2005) afirmaria que eles "se situam na identidade-diferença (na *khōra* [χώρα], teria dito Platão)", isto é, "em um 'lugar' do qual talvez nem seja possível dar senão uma descrição topológica" (p. 74, trad. modificada).

Aquilo que Jakobson percebera, e que o conduziu a eles de uma forma dramática, foi justamente a antinomia do sentido e da significação. Ele foi capaz de atinar que "a poesia tinha a ver com o sentido, e não com a significação,[12] a tal ponto que é por meio do esvanecimento das significações que se chega ao sentido" (Milner, 1977, p. 91). E podemos salientar, desde já, que o que se reconhece nisso é uma reação em cadeia que, partindo do desligamento entre signo e referente, passará pela importante questão da primazia fônica; e que, a partir dela, vai invariavelmente fulgurar no primado do significante sobre o significado. Mas o avanço no trabalho com a

---

[11] Sobre as discordâncias e confluências entre os autores, cf. Kasparov (1984/1987).

[12] Significação enquanto referência, em seu contraste com o sentido, no vocabulário fregiano. Sabe-se, ademais, que Lacan também afirmará que é por meio do esvanecimento da própria profusão de sentidos, mediante a intrusão de uma *significação vazia*, que se chega ao poético – questão à qual voltarei adiante (cf. Frege, 1892/2009).

noção de fonema não se restringe a isso. É o que nos mostram, por exemplo, suas implicações no que tange ao fato de que, já com ele, se possa pensar numa escrita presente na fala, isto é, uma escrita anterior à letra grafada,[13] manifestando-se no que se poderia entender como o fruto de um esboço do equívoco, um resto lógico que cai do enxame significante: resíduo das variações fonéticas – entre as quais se reconhece uma contradição – e suporte material em torno do qual algumas delas se neutralizam.[14]

Além do mais, o fonema se trata de um lugar privilegiado para que pensemos a questão da semelhança na diferença, sendo que constitui – no nível do rudimento – justamente aquilo que, do dessemelhante, faz unidade. A sua importância para os estudos da linguagem é, assim, fundamental, dado que a ciência descarta "o que, da realidade, não é necessário à repetição em seu objeto" (Milner, 1978/2012, p. 61); e, nesse sentido, o excedente das variações individuais atinentes ao fonético é afastado para dar lugar a algo da ordem de uma escrita como captura dessa unidade velada.[15] Ora, não teríamos aí justamente a passagem do material sonoro bruto à *imagem acústica*?

Jakobson, com Trúbetskoi, coloca a fonologia à frente. E tal passo não se faz exatamente em conformidade com o *Curso*, vale ressaltar, visto que este atribuía interesse à fonética, ao passo que a fonologia era vista apenas como uma disciplina auxiliar – o que a inscrição de Saussure em seu contexto de neogramático, em princípio, já seria

---

[13] O que incita repensar tanto a origem da escrita, como tal, quanto a sua relação com a oralidade (cf., dentre outros, Safouan, 1982/1987).

[14] No campo da psicanálise lacaniana, esse momento só faz ecoar uma operação primeira, pela qual, na presença do significante, um *a* terá se desprendido como detrito, "letra primordial" (cf. Souza Jr., 2012, p. 91).

[15] Lembremos que a fonética, entendida de uma determinada forma, já foi alvo de críticas como tarefa de uma física acústica, talvez, mas não propriamente de uma linguística.

O FLUXO E A CESURA 91

capaz de sugerir (cf. Saussure, 1916/1972, pp. 43, 163).[16] Enquanto a fonologia saussuriana, como uma espécie de fisiologia dos sons, se localiza fora do tempo, "já que o mecanismo da articulação permanece sempre *igual a si mesmo*" (Saussure, 1916/1972, p. 43, grifos meus), e seria por isso secundária, cumprindo apenas um papel acessório, aquilo que ela guarda de correlação com a letra, por sua vez, no sentido lacaniano do termo – isto é, justamente com aquilo que é idêntico a si – verá em Jakobson um novo destino. Há aí uma viragem: a fonologia passa a marcar, a partir de então, um lugar imprescindível para que se pense a língua como sistema de oposições: não no sentido saussuriano, muito evidentemente, mas na dimensão restrita do par mínimo. E nisso o fonema figurará como peça-chave: na qualidade de menor elemento fonológico da língua (Trúbetskoi, 1939/1958, p. 35), ele ocupará um papel singular inclusive no que se refere ao estudo da poesia, âmbito em que será também tomado como componente essencial. Como afirma Jakobson (1919/1973a), afinal, pode-se observar, "na história da poesia de todos os tempos e de todos os países, que para os poetas, segundo a expressão de Trediakóvski, 'só o som importa'" (p. 24).

Ademais, como já havíamos começado a entrever, isso teria as mais diversas implicações. Ora, "a reflexão privilegiada sobre o domínio dos sons baseia-se na apreensão da maneira pela qual nasce o sentido na poesia", o que significaria minimamente que "a língua, objeto do linguista, nunca é separada da língua, objeto da literatura" (Gadet & Pêcheux, 1981/2004, p. 106). Contudo, nem na linguística, tampouco nos estudos literários, o gesto jakobsoniano de integrar a poesia ao campo da ciência da linguagem foi reconhecido. Somos impelidos a concordar, então, com o que afirma Marc Dominicy (1991), quando este diz que "não é difícil conceber que

---

[16] Sobre a gramática comparada e as leis fonéticas, cf. Milner (1989, pp. 95-96). Sobre as nuances dos conceitos saussurianos em torno do aspecto fônico, cf. Milano (2018).

'Linguística e poética' tenha suscitado, tanto nos literatos quanto nos linguistas, um bocado de espanto" (p. 158). Convém, então, atentar para o fato de que a empreitada teórica de Jakobson provoca efeitos mobilizadores de questões bastante diversas e complexas, que para muitos talvez já tivessem sido apaziguadas devido ao tácito estancamento da aceitação coletiva ou implacavelmente extraídas do objeto da disciplina por meio de idealizações constitutivas do posicionamento teórico adotado.

Entretanto, a questão se desdobra nela mesma: note-se, também, que a própria resolução jakobsoniana encetada pelas funções possui, com relação ao poético, um efeito estabilizador, ao trazer para o nível do uso e para o domínio do falante aquilo que dele se esquiva incessantemente. Afinal, a figura do poeta, entendido por Jakobson como afiançador da poesia, faria necessária a coincidência de *um* falante (impregnado de gênio poético) com o suporte corpóreo da operação para ela em jogo. Desse modo, ao alinhavar no poeta os retalhos do poético, Jakobson então se afasta da ciência, da qual se espera precisamente que opere sem sujeito, em radical particulari-dade com relação a outras formas de produção de saber: "observe-se", por exemplo, "que o xamã, digamos, de carne e osso, faz parte da natureza, e que o sujeito correlato da operação tem que coincidir com esse suporte corpóreo. É esse modo de coincidência que é vedado ao sujeito da ciência" (Lacan, 1965/1998d, pp. 885-886).

Esse afastamento da ciência, contudo, não o aproxima mais da natureza daquilo que estaria em questão para o poeta na sua arte de escrita, muito pelo contrário! – o que não se pode negar que é um tanto quanto contraintuitivo, diga-se de passagem. É preciso aventar, pois, que a oposição seria menos entre ciência e arte, de um modo que o distanciamento em relação a uma implicasse maior afinidade com a outra. A dicotomia que depreendemos daí parece ser, isso sim, entre a governança ou não do falante na gênese da sua prática. Porém, se, por um lado, são os poetas mesmos que, ao caracterizarem sua atividade como um desvanecimento de suas próprias figuras, aproximaram poesia e ciência pelo viés de uma drástica redução do papel autoral em sua atividade – naquilo que se poderia qualificar, com T. S. Eliot (1919/1962), como uma "extinção contínua da personalidade" (p. 27) –; por outro se sabe, também, que isto é o que poderá ser dito a respeito de toda obra literária. Ao menos se nos fiarmos em Roland Barthes (1968/1987, p. 49), por exemplo, que afirma que a escrita começa quando o autor adentra a sua própria morte; ou, antes mesmo, em Marcel Proust (1927/1990, p. 343), segundo o qual à obra faz-se necessária a morte do autor para que o leitor ocupe o seu lugar e ela, a obra, se eternize enquanto tal.

Vemo-nos então diante da necessidade de, sendo isso verdade, dizer o que poderia assinalar nesse âmbito uma especificidade da poesia. Até porque ainda se pode alegar que, com a Modernidade, "não é mais a literatura que se expressa por meio da linguagem; é antes a linguagem que agora se expressa pela literatura" (Bruns, 1974/2001, p. 99) – o que nos mostram a poesia de Filippo Tommaso Marinetti e Ezra Pound, por certo, mas também a prosa de Georges Perec e Samuel Beckett. Para tanto, quem nos ilumina o caminho é Fernando Pessoa, nas palavras de Álvaro de Campos. Segundo ele:

> *a poesia é aquela forma da prosa em que o ritmo é artificial. . . . Mas pergunta-se: por que há-de haver ritmo artificial? Responde-se: porque a emoção intensa não cabe na palavra: tem que baixar ao grito ou subir ao canto. E como dizer é falar, e se não pode gritar falando, tem que se cantar falando, e cantar falando é meter a música na fala; e, como a música é estranha à fala, mete-se [?] a música na fala dispondo as palavras de modo que contenham uma música que não esteja*

> *nelas, que seja pois artificial em relação a elas.* É isto a
> poesia: cantar sem música. *(Pessoa, 1930/1996, p. 391)*

Logo, torna-se importante especificar o que entenderemos como estando em jogo para o canto e o que, disso, sobrevém na poesia. Isto é, aquilo que, com Lacan, mediante o reconhecimento de uma pulsão invocante,[17] se conhece sob o nome de *voz*: "esta parte do corpo que é preciso colocar em xeque – sacrificar, até se poderia dizer – para produzir um enunciado", argumenta o psicanalista e contratenor Jean-Michel Vives (2012, p. 46). Ora, em se sabendo bem que nenhuma língua utiliza tudo o que o aparelho fonador é capaz de produzir, também se reconhece que, no canto, as capacidades vocais são expandidas, uma vez que ele visa preencher com a voz todo o espaço acústico oferecido pela garganta, nos termos de Paul Zumthor (1990/2005, p. 71, trad. modificada). Assim, "a música, o que se pode chamar aqui de lirismo, não passam nunca de parasitagens da enunciação . . ., tendo como efeito tornar a voz opaca a fim de fazê-la perceptível – o mais frequentemente com uma finalidade estética, para gozar da voz" (Vives, 2012, p. 46).

A linguagem falada, por sua vez, subjuga a voz justamente enquanto suporte corporal, pulsional, de todo e qualquer enunciado: o apagamento de sua potência de ação vocal é notadamente a taxa cobrada pelo direito às apostas no jogo escuso da comunicação.[18] É o que já havia observado Lacan, em seu seminário sobre as psicoses:

---

[17] A qual, aliás, ele afirma ser "a mais próxima da experiência do inconsciente" (Lacan, 1964/1998c, p. 102).

[18] Por outro lado, entrar nesse jogo é também o que possibilita algum acesso a esse gozo, uma vez que, como tal, ele não existe a despeito do significante. O raciocínio não é óbvio, mas os autistas nos ensinam o caminho: quando falam, o fazem de modo mecânico, não comunicando, não se colocando em risco de terem de se haver com o "objeto angustiante do gozo vocal" (Maleval, 2009/2017, p. 293).

O FLUXO E A CESURA 95

*o que acontece se vocês se atêm unicamente à articula-
ção daquilo que estão ouvindo: ao sotaque; até mesmo
às expressões dialetais? – ao que quer que seja que seja
literal no registro do discurso do interlocutor de vocês.
É preciso acrescentar aí um pouco de imaginação, pois
talvez isso nunca possa ser levado ao extremo, mas é
muito claro quando se trata de uma língua estrangeira:
o que vocês compreendem num discurso é outra coisa
que não o que está registrado acusticamente. É ainda
mais simples se pensamos no surdo-mudo [sic], que
é suscetível de receber um discurso através de sinais
visuais feitos com os dedos, conforme o alfabeto surdo-
-mudo. Se o surdo-mudo fica fascinado com as lindas
mãos do seu interlocutor, ele não registrará o discurso
veiculado por essas mãos. (Lacan, 1955-1956/2008a, p.
162, trad. modificada)*

Dito isso, é possível caracterizar a voz como tudo o que, do
significante, não converge para o efeito de significação, como afirmaria Jacques-Alain Miller (1988, pp. 179-180); ou ainda, na esteira
de Vives, tudo o que ultrapassa os limites do sonoro propriamente
dito, trazendo uma dimensão da voz que se poderia dizer, mais
exatamente, *áfona* – de modo que se reconhece que "a voz necessita
menos de uma boca" do que, propriamente, "de um corpo" (Vives,
2012, p. 48). Mas, em sua especificidade, a poesia é capaz de evocar
o vocal, e isso sem resvalar na música ou tampouco restringir-se ao
visual da caligrafia. Nesse sentido, caracterizada por Novalis como
"pintura e música interiores" (Novalis, *apud* Görner, 2006, p. 72),
ela nasce no perímetro bruto da cisão – ou contato constante? –
entre o corpo e as restrições impostas pela língua, sem se valer de
outro suporte que não a própria letra, resto da operação em que tal

cisão se engendra; operação por meio da qual, no corpo, as pulsões reverberarão justamente como ecos do fato de que há um dizer.

E em sua relação com tal fenda, na qual se sustenta e cuja presença só faz evidenciar, a poesia – em que a palavra, descrita por Zumthor (1990/2005), é "componente de uma ação total" (p. 77) – coage cada um, que dela nada sabe, a se reposicionar, procurando num segundo momento dar conta do que, por meio dela, nele fora mobilizado: aquilo que, num corpo, um dia vibrou ao timbre da materialidade sonora do dizer do Outro. Eis o que ocorre, afinal, quando não há retorno possível, quando há o imperativo de que a mensagem seja passada imediatamente:

> *no quadro traçado por tais coerções, a língua tende a uma transparência, menos do sentido do que do seu próprio ser de linguagem. Não se trata aqui nem de representação nem de recusa de representação, mas de presença. E toda presença provoca, com a ausência que a precedeu, uma ruptura, engendrando um ritmo particular na duração coletiva e na história dos indivíduos. (Zumthor, 1990/2005, pp. 145-146)*

Dito de outro modo, o poético se distingue como lembrança remota de que "a poesia, originalmente, foi voz" (Zumthor, 1990/2005, p. 74), sendo capaz de cumprir o mandado emitido por aquilo que Lacan (1957/1998b) chamará de "instância da letra no inconsciente" (pp. 496-533), a saber, esse foro no qual o falante é instado a reconhecer, a plenos pulmões: *soo onde não penso, penso onde não soo.*

~

Atentemos para o fato, com Zumthor, de que a voz poética advém "do fluxo mais ou menos indiferenciado dos ruídos e dos discursos" e "transmuta o simbólico produzido pela linguagem", tendendo "a despojá-lo do que ele comporta de arbitrário". Desse modo, ela o motiva justamente com a presentificação do corpo do qual emana, impondo "sua espessura e a verticalidade de seu espaço" à extensão prosódica e à temporalidade da linguagem (Zumthor, 1990/2005, pp. 145-146). Isso é o que nos mostra Stéphane Mallarmé, por exemplo, ao dizer do *desaparecimento ilocutório* do poeta, que cede a iniciativa às palavras para que, por meio de seu corpo, algo se venha a dizer (Mallarmé, 1895-1896/1945, p. 366). Ou, ainda, como relata Tsvietáieva (1932/2017b):

> *as obras sempre me escolheram pela insígnia da força, e com frequência as escrevi – quase contra a minha vontade. Todas as minhas obras russas são assim. Algumas coisas da Rússia queriam ser expressas e escolheram a mim. E me persuadiram, me seduziram – com o quê? Com minha própria força: só você! Sim, só eu. E, tendo cedido – ora vendo, ora às cegas –, eu obedecia; ia ao encalço, com o ouvido, da lição auditiva dada. E não era eu quem, de cem palavras, . . . escolhia a centésima primeira, mas ela (a obra), recusando todos os cem epítetos: eu não me chamo assim. (pp. 174-175, trad. modificada)*

Depreende-se, então, que a poesia parece se valer de uma duplicidade clandestina: ao passo que, rente à ciência, se dá por via de um apagamento do sujeito, o poeta também não deixa de ser o tampo harmônico que, de saída, reverbera as cordas da lira que ele próprio constitui – e, depois dele, cada leitor ocupando esse lugar. Assim, enquanto à ciência são permitidos apenas os correlatos estruturais do sujeito da operação – e, no xamanismo, por exemplo, um sujeito que não pode ser substituído por outro –, na poesia sempre se faz necessário um corpo que vibre, rendendo-se, seja ele qual for, aos efeitos da voz nas peripécias da letra, aos deslindes do vento, como em poema homônimo de Boris Pasternak (1953/2012):

> *Definho, mas tu estás viva.*
> *E o vento que chora e lamenta,*
> *O bosque e a casa acalenta.*
>
> *Não cada pinheiro isolado,*
> *Mas no conjunto lá estão*
> *Com a lonjura ilimitada*
> *De cascos de embarcação,*
> *Na face limpa da enseada.*
>
> *E isso não por presunção*
> *Ou por calor desazado,*
> *Mas para dar na aflição*
> *Palavra, a teu sono embalado.* (s.p.)

Jakobson, "armado que está de seu saber de linguista", como afirma Milner (1992/2010), "não hesita em recorrer, quando se trata de analisar um poema, às técnicas desenvolvidas por Freud para a análise do lapso, do chiste ou do esquecimento de palavra" (p. 185). E, assim, acaba atribuindo ao poeta, em última instância, o que se pode assinalar como um saber relativo à língua que não é dado ao falante tal qual ordinariamente se o compreende: trata-se de um saber que produz algo em atrito com o que se desenvolve na linguística, em particular; ou na ciência, de modo geral – e que, em todo caso, vem corroborar a posição freudiana de que as obras de arte possuiriam o estatuto de formações do inconsciente.[19]

No intuito de promover nisso uma diferença – dado que explicar a arte pelo inconsciente lhe parece o que há de mais suspeito (Lacan, 1975, p. 36) –, as aproximações que serão feitas por Lacan entre *ato poético* e *ato psicanalítico* não são fortuitas. E algo já foi indicado aqui rumo ao esclarecimento dessa relação, quando do apagamento do poeta na prática da poesia: o passo a ser dado aí não é o sujeito quem executa, já que um ato que se preze, tal qual se o compreende em psicanálise, não é algo presidido por um sujeito – este é posterior a ele, é seu efeito (cf. Lacan, 1967-1968, sessão de 29 de novembro de 1967). É por isso que enquadrar a poesia num saber atribuído ao sujeito, no nível do significante, trouxe tantas dificuldades e iluminou somente à custa de grandes desventuras – representadas quer pela aposta na *verve*, por Freud e Jakobson, quer no recurso ao lendário *cálculo* do vate, do qual Saussure acabou se valendo (cf. Starobinski, 1971/1974, pp. 29-30). Além do mais, trata-se para ambas, psicanálise e poesia, de um ultrapassamento, de uma transgressão; não seria por menos que o próprio Jakobson (1961/2004a) se veria obrigado a reconhecer que o tratamento dado à linguagem pelo poeta é "'gramatical ou antigramatical', mas nunca agramatical" (p. 75). Assim ele denuncia o que mais tarde poderá ser formulado por Lacan (1976-1977) da seguinte maneira: "se, com efeito, a língua – é aqui que Saussure toma seu ponto de partida na distinção língua/fala – é fruto de uma maturação que se cristaliza em uso, a poesia resulta de uma violência feita a esse uso" (sessão de 15 de março de 1977).

Desse modo, "nostalgias antigas, da lembrança de um Éden e do Anjo com a espada de fogo", não podem ofuscar o *hic et nunc*

---

[19] Sobre isso, pensemos em Freud atribuindo à obra de Leonardo Da Vinci o estatuto de um sonho a ser interpretado (cf. Freud, 1910/2015b).

poético. Temos aí, portanto, nada além de um ato, no qual o "trabalho vocal libera as forças internas de uma fonia, virada, revirada, quebrada, revitalizada numa espécie de suntuoso *striptease* sonoro", na descrição de Zumthor (1990/2005, p. 166). É o que deflagra, por exemplo, a chamada poesia sonora, bastando que se depare com as páginas, para não dizer sua leitura, de qualquer obra de um de seus representantes – seja os precursores *Zang Tumb Tumb* (1914), de Marinetti, e *Ursonate* (Protossonata, 1922-1932), de Kurt Schwitters; seja *Carnival* (Carnaval, 1967-1975), de Steve McCaffery –, para percebermos que a voz se impõe a tal ponto que tende a desagregar a linguagem (Zumthor, 1990/2005, p. 65), na prática daquilo que o futurismo italiano, mediante uma brutal destruição da sintaxe, chamaria de "palavras em liberdade" (Bernardini, 1980).

Figura 2.3

Por isso que, ao falar em poético através das lentes da psicanálise, fala-se em limite – como se fala em limite do discurso, em limite da lógica. E não custa dizer o quanto a poesia é tida, há tempos, justamente como uma espécie de prática subversiva, o que em Platão já se podia observar:

> *conversar sobre poesia se assemelha muitíssimo aos banquetes dos homens ordinários e vulgares. Estes, por não poderem entreter-se uns com os outros por si mesmos, por falta de educação, fazem subir o preço das flautistas contratando caro a voz alheia e por ela*

O FLUXO E A CESURA 101

*se entretêm; onde, porém, estão convivas belos e bons
e educados, não verás flautistas, dançarinas nem toca-
doras de lira.* . . . *Assim também estas reuniões, se
comportam homens como a maioria de nós pensa que
é, absolutamente não precisam de voz estranha nem
de poetas, os quais é impossível interrogar sobre o que
dizem, e quando a maioria os cita nos seus discursos,*
uns dizem que o poeta quer dizer isto, outros que aquilo,
discutindo sobre assunto que não podem demonstrar.
(Platão, 380 a.C./1986, p. 130)

O verso e a rima, por exemplo, seus célebres avatares, contrastam com o discurso ordinário; a reiteração fônica exacerbada especifica-se em meio ao ressoar da fala cotidiana; e, mesmo se pensamos em versos livres e brancos, é também como insurreição que eles se estabelecem, na transgressão da métrica e das concordâncias sonoras outrora disruptivas e assentadas pela tradição. Estes últimos, no entanto, têm algo mais a nos dizer. Eles parecem revelar também a primeira transgressão de que se trata, qual seja: o ritmo artificial – a respeito do qual falava Pessoa – vai se instalar tão logo for *revogada a utilidade* verbal (Kloepfer, 1975/1984, p. 20). E isso a tal ponto que, tirado de uma notícia de jornal – isto é, extraído de sua facticidade, abolido da órbita do utilitarismo (passo que permite dar voz à fonia, a despeito do que ela comunica) –, algo possa se impregnar com esse ritmo e vir a ser poema. É o que nos revelam, por exemplo, as célebres linhas do "Poema tirado de uma notícia de jornal", de Manuel Bandeira (1965/1982b):

*João Gostoso era carregador de feira-livre e morava no
[morro da Babilônia num barracão sem número*

Uma noite ele chegou no bar Vinte de Novembro

102   TÂNTALO E A IMINÊNCIA: ROMAN JAKOBSON E A SIMETRIA

Bebeu

Cantou

Dançou

Depois se atirou na Lagoa Rodrigo de Freitas e morreu
[afogado. (p. 117)

Logo, não parece difícil apreender o que Yigal Bronner (2007) afirma ao dizer que "o encanto poético reside no repertório linguístico de desvios, nos quais cada um tem seu próprio encanto específico apesar de haver, talvez, um deleite especial em desvios complexos de ordens crescentes" (p. 107) – a tal ponto que a linguagem pode até mesmo tender à dissipação, tornando ao ruído, enquanto a voz subsiste. A prática do poeta, assim pensada como contravenção do ferramental comunicativo ordinário – sem a qual a poesia não se dá, senão como chancela de um suposto lirismo (ode ao belo) ou da *ver-se-ficação* de um anúncio publicitário (tributo ao prático) –, pauta-se necessariamente numa lei, portanto; e essa lei não é outra que não a da própria linguagem, à qual todo ser falante se vê submetido. Ora, como afirmou Saussure, "tudo, então, não é permitido, até mesmo justamente entre as coisas que se tomaria por mais ou menos lícitas, se não fosse uma homofonia qualquer que decidisse" (F. de Saussure, *apud* Starobinski, 1971/1974, p. 34). Os lindes da língua marcam, pois, os itinerários da poesia; e tanto o poeta quanto o leitor encontram nisso o seu lugar: é fato que o primeiro precisa dizer algo, como lembra Marcia Lieberman (1969, p. 533), mas também é necessário que o segundo entre nisso que constitui um processo poético.

O poeta, apesar disso, não se vê preso nesse impedimento em sua lida com a forma; forma que, segundo Tsvietáieva (1926/2017a), é "exigida por essa essência e perseguida pelo meu ouvido, sílaba por

O FLUXO E A CESURA   103

sílaba". E assim ela procede: "Moldo a forma, depois a preencho...
Mas não se trata de um decalque de gesso, não! Depois de seduzida
a essência, eu a encarno. É isso o poeta" (p. 74, trad. modificada).
Afinal, se habitualmente a poesia é tida como aquilo que, como
pontua Milner (1978), "revira e desfaz todas as bordas, rediz à sua
maneira a mesma lei" (p. 55), contrariamente à tendência de reduzir
a lei a tão somente um impedimento, o poeta vê aí justamente as
oportunidades de sua desforra. Não por acaso G. K. Chesterton
(1908/2009) declara que "arte é limitação", e que "a essência de todo
quadro é a moldura" (p. 64). Assim, no exercício dessa liberdade
in-condicional (dentro e a partir das coerções),[20] o poeta, em seu
âmbito, deixa-se explorar pela língua e fazer com ela uma série de
proezas que a deslocam não apenas com relação à referência ordinária, mas também no que se refere a ela mesma – uma vez que,
ao poético, não há dimensão da língua que não possa se mostrar
decisiva (Milner, 1978/2012, p. 54).

A empreitada exploratória desembocará numa verdadeira extra-
polação. Submetido a algo que parece evocar uma espécie de lei da
resistência dos materiais, o enrijecimento dos limites – ressaltando
e reforçando sua dureza – faz, também na língua, com que nos
deparemos com uma maior fragilidade. Em resumo: quanto mais
asseverados os lindes, menor será sua resiliência. É aí que algo se
rompe; e a esse momento, instante da presença crua do corpo que
emerge na linguagem,[21] aquele que se submete ao poema não passa
incólume, vítima que é da heterogeneidade xifópaga, por assim
dizer, entre o que é do corpo e o que é da língua – o que a própria

---

[20] Pensemos na obra de Raymond Queneau, por exemplo, bem como em toda
a produção dos representantes do Ouvroir de Littérature Potentielle (<www.
oulipo.net>).

[21] Segundo Shklôvski, "é o próprio movimento dos órgãos da fonação que propicia
o prazer dito poético" (V. Shklôvski, *apud* Zumthor, 1990/2005, p. 154).

catacrese que nomeia a segunda já seria o bastante para revelar (Souza Jr., 2019).

Nesse sentido, como argumentam Gadet e Pêcheux (1981/2004),

> *É... por amor que alguém se torna "louco pela língua": por amor e inicialmente por apego primeiro ao corpo da mãe, quando sua insistência toma a forma de um amor da língua-mãe ou da língua-materna. Então o simbólico faz irrupção diretamente no corpo, as palavras tornam-se peças de órgãos, pedaços do corpo esfacelado que o "logófilo" vai desmontar e transformar para tentar reconstruir ao mesmo tempo a história de seu corpo e a da língua que nele se inscreve: essa "loucura das palavras", que pode desembocar na escrita (Rabelais, Joyce, Artaud ou Beckett), na poesia (Mallarmé) ou na teoria linguística, persegue sem trégua o laço umbilical que liga o significante ao significado, para rompê-lo, reconstruí-lo ou transfigurá-lo... (p. 45)*

~

Cumpre notar que, intervindo nesse processo, a ação vocal que se destaca resulta, o mais das vezes, num afrouxamento das compreensões textuais. Como afirma Zumthor (1990/2005) em seu ensaio sobre a poesia e o corpo: "ela deixa emergir os traços de um saber selvagem, emanando da faculdade linguística, se não da fonia como tal, no calor de uma relação interpessoal" (p. 145, trad. modificada), ou, por que não, *intercorporal*: o corpo do falante em atrito com o corpo da língua, intrinsecamente coletivo.[22] Dessa

---

[22] "Trata-se de um tesouro depositado pela prática da fala em todos os indivíduos pertencentes à mesma comunidade, um sistema gramatical que existe

forma ela é capaz de proporcionar um efeito sobre aquele que experiencia a obra poética, uma vez que cabe particularmente à poesia fazer algo com quem a ela se submete, isto é, com quem coloca ali algo de si, dispondo o seu *eu* a um corpo a corpo com o tesouro de uma *massa falante* que nele encontra por onde ressoar – tanto que, no contexto da poética indiana, Shulman (2007) chega a dizer que, se você ouve um poema e não acontece nada, é porque o poeta falhou (pp. 305-306).

Ao mesmo tempo, porém, se a própria poesia nunca é algo que já obteve êxito – posto que o êxito é justamente um fim da poesia, como aborda Meschonnic (1985, p. 181) –, o leitor fatalmente se interroga: em que é que o poeta poderá ter aí falhado? Para que então se avente uma resposta, é conveniente lembrar que, se a gramática é aquilo que, "pelo jogo repetido de sintagmas e paradigmas, une, nível por nível, o som ao sentido", a poesia seria não apenas o que se realiza no instante em que os níveis são projetados, todos eles, uns sobre os outros – "figuração singular em que a racionalidade se exerce desatando e separando os fios emaranhados" (Milner, 1978/2012, p. 55) –, mas notadamente o que se produz mediante a derrocada da aparelhagem estrática.

Dito isso, pode-se depreender que, se não for capaz de fraturar esses estratos e fazer com que se rendam, a poesia perde para o tamponamento complacente do sentido, para a artimanha sempre disponível ao falante de estabilizar o que ele escuta e rebaixar qualquer excitação inconveniente. Afinal, supõe-se que o falante não queira ser pego de surpresa por aquilo que, como aponta Jakobson (1960/2008), "não consiste em acrescentar ao discurso ornamentos retóricos", mas que "implica, antes, uma total reavaliação do

---

virtualmente em cada cérebro ou, mais exatamente, nos cérebros dum conjunto de indivíduos, pois a língua não está completa em nenhum, e só na massa ela existe de modo completo" (Saussure, 1916/1972, p. 16; cf. Souza Jr., no prelo).

discurso e de todos os seus componentes, quaisquer que sejam" (p. 161). Quando o poeta fracassa, portanto, algo falha em fazer fracassar o princípio de prazer que vigora para aquele que o lê; dito de outro modo: quando a poesia é incapaz de desestruturar o aparato da estratificação, dá-se o sucesso – nesse caso, extremamente indesejado – da comunicação. É fato e digno de nota, como ressalta Michel Beaujour (1968, p. 62), que entrar num jogo sério com franca intenção de perder é um comportamento um tanto sofisticado, e talvez uma "sofisticação derradeira" numa cultura; sofisticação esta que será sentida, paradoxalmente, como "um retorno à natureza e a algo fundamental, universal e espontâneo no homem" – o que, todavia, não passa de uma insidiosa ilusão associada à quebra de regras antigas enquanto as novas estão por ser formuladas.[23]

Entretanto, é preciso ir adiante. Afinal, nesse jogo em que um duplo fracasso tem o seu lugar (a poesia fracassa como pura música e também fracassa enquanto comunicação verbal), o poema comportará um paradoxo em si mesmo. Basta lembrar da definição dada por Paul Valéry (1943/1971), segundo a qual a poesia é uma "hesitação prolongada entre o som e o sentido" (p. 63); ou mesmo de Agamben (1996/1999), em seu ensaio sobre o fim do poema, quando o autor se indaga o seguinte:

> *se a poesia vive sozinha na tensão insatisfeita entre as séries semiótica e semântica, o que acontece no momento do fim, quando a oposição das duas séries não é mais possível? Haveria aqui, finalmente, um*

---

[23] "Quanto às eletivas violações das leis métricas, a discussão delas faz sempre lembrar Óssip Brik..., que costumava dizer que os conspiradores políticos são julgados e condenados somente por tentativas malogradas de golpes de força, visto serem os próprios conspiradores que assumem o papel de juízes e acusadores no caso de o golpe alcançar êxito. Se as violências contra o metro deitarem raízes, tornam-se elas próprias leis métricas" (Jakobson, 1960/2008, p. 139).

O FLUXO E A CESURA   107

*ponto de coincidência no qual o poema . . . junta-se
ao seu elemento métrico para converter-se definitivamente em prosa? – o casamento místico do som com o
sentido poderia, então, ter lugar.* Ou, pelo contrário,
*som e sentido estariam agora separados para sempre,
sem possibilidade alguma de contato, cada um deles
eternamente do seu próprio lado – nesse caso, o poema
deixaria para trás apenas um espaço vazio no qual,
de acordo com a frase de Mallarmé, verdadeiramente*
rien n'aura lieu que le lieu *[nada além do lugar terá
lugar]. (p. 114)*

Digamos que, no primeiro caso, o poeta fracassa: o poema
resvala para o discurso ordinário. No segundo, por outro lado,
abre-se o caminho para uma intervenção: o poema, enquanto ato,
faz vibrar no sujeito justamente um oco (o "lugar da linguagem"
sobre o qual escrevera Saussure [2002/2012, pp. 60-62]), subtraindo
a si seu término e encontrando, no seu endereçamento, a oportu-
nidade de não se extinguir em prosa. Ainda segundo Agamben
(1996/1999), é "como se o poema, enquanto estrutura formal, não
fosse e não pudesse terminar; como se a possibilidade do fim lhe
estivesse radicalmente revogada, dado que o fim implica uma
impossibilidade poética". Deste modo, "na altura em que o som está
para ser arruinado no abismo do sentido, o poema procura abrigo
suspendendo seu próprio fim numa declaração de, por assim dizer,
estado de emergência poética" (p. 113).

Poesia é emergência, portanto. Emergência enquanto crise, ao
mesmo tempo que emergência enquanto mostração: conforme o
aforismo – em francês no original, articulado no ano de 1969 pelo
judeu germanófono, nascido na então romena Cernăuți, Paul Celan
(2002) –, ela "não mais se impõe, ela/ se expõe" (p. 51). Trata-se,

108 TÂNTALO E A IMINÊNCIA: ROMAN JAKOBSON E A SIMETRIA

digamos, de nomear algo; mas não por um processo referencial qualquer, na medida em que se viesse a significar alguma coisa, e sim por meio da instauração de um *nome próprio* no sentido justo que lhe cabe – um "nome-bandeira" (اسم علم [*ism 'alam*]), diriam os árabes, lidos ao pé da letra –: não o da metáfora que significa, mas o do puro sinal que de(s)signa; *sobre-nome*, pura marca, cesura, no território fronteiriço dos discursos.

~

Jakobson não deixa de supor a manutenção dos estratos para o curso de seus argumentos, em que a poesia é entendida justamente como o resultado de uma articulação interestrática aproximável àquilo que se passa na fala, plena de sujeito. Pode-se concluir, partindo do exemplo que constituem as suas formulações, que incluir o poético nos estudos da linguagem não significa fundamentalmente uma saída da lógica de funcionamento estrático que a recusa haveria ajudado a tornar possível – ora, adotar a poesia não implica, em absoluto, assimilar-lhe a dubiedade da natureza. Prova disso é o fato de que a noção de metáfora pressupõe justamente a manutenção desses estratos para sua realização, na medida em que, quando um elemento ausente na cadeia sobre ela tem efeito, é apostando nesse degrau entre os dois que tal suposição é possível. Assim, podemos entender a ruptura dos estratos, em jogo na poesia, precisamente como um desmantelamento do paradigma; e com isso *a escrita poética se encontraria, por conseguinte, nos limites do metafórico.*

No entanto, cumpre atentar para o fato de que a metáfora é, de início, considerada por Lacan como a função primordial do significante – e a condensação (*Verdichtung*) freudiana trata-se daquilo que fornece a sua base (Lacan, 1953-1954/1986, p. 305). É, pois, na busca de uma saída diversa que se poderá calibrar a abordagem do poético da maneira como aqui nos interessa. Há, então, de se fazer uma passagem. Torna-se fundamental recordar que, na esteira do próprio desenvolvimento lacaniano sobre o significante, ocorrerá um enxugamento da metáfora – a qual, pela inundação de sentido, pode contrariar o que aí ocorre (*Ver-dichtung*)[24] –, passando para o que seria, de fato, um trabalho sobre toda e qualquer poesia (*Dichtung*), enquanto decorrência da infestação de algo do nível do vocal – dimensionável e intensificável por intermédio dos domínios da escrita, no quebrantamento do significado: algo que retira as vedações, descalafeta (*ver-dicht*) a língua da solicitude do sentido.[25]

É por isso que Lacan, em seu Seminário, recorre precisamente à *lituraterragem*, à escrita, para levar e lavrar ao extremo a possibilidade de pensar num suposto discurso que não seria do semblante, do simulacro; um discurso deslocado, que não operaria sob o jugo metafórico. Isso lhe permite, ou dele exige, passar da afirmação segundo a qual a relação do sentido com o significante seria essencial de ser mantida no cerne da experiência psicanalítica – "a fim de que todo o nosso discurso não se degrade" (Lacan, 1964-1965, sessão de 2 de dezembro de 1964) – para a busca por um *significante novo*, "aquele que não teria nenhuma espécie de sentido": pois talvez isso fosse justamente o que abriria alas para o que, com seus "passos desengonçados" (os termos são seus), ele chama de "real" (Lacan, 1976-1977, sessão de 17 de maio de 1977). Desse modo, a poesia opera como uma fístula privilegiada à administração desse real nos veios do simbólico, de tal modo que não se veja de todo estancada a sua continuidade de fluxo, nem se mostre aniquilada

---

[24] Em alemão, o prefixo ver-, para além de muitas vezes enfatizar a palavra a que se liga – *spät* [tarde] e *verspäten* [atrasar] –, pode expressar contrariedade. Por exemplo: *achten* [cuidar] e *verachten* [desprezar]; *wünschen* [desejar] e *verwünschen* [amaldiçoar], *tippen* [digitar] e *vertippen* [cometer erro de digitação].

[25] O termo *dichten* condensa oportunamente duas acepções oriundas de percursos etimológicos distintos: uma delas é geralmente considerada fruto de empréstimo do latim *dictāre* [dizer repetidamente, compor]; a outra, por sua vez, relaciona-se com o adjetivo *dicht* [fechado, apertado], comportando as ideias de selar, vedar, tapar.

a rugosidade dos seus *uns* pelo miasma do sentido – de tal modo, portanto, que o real não coagule na inscrição de uma letra morta:

> *o despertar é o real em seu aspecto de impossível que não se escreve a não ser na marra, ou à força . . . [E,] se vocês são psicanalistas, vão ver apenas essas forçações por onde um psicanalista pode fazer soar outra coisa além do sentido – pois o sentido é o que ressoa com a ajuda do significante; mas o que ressoa não vai longe, é antes mesmo mudo. O sentido, isso tampona; mas, com ajuda daquilo que se chama de escrita poética, vocês podem ter a dimensão do que poderia ser a interpretação analítica. (Lacan, 1976-1977, sessão de 19 de abril de 1977)*

Assim, no esforço de acompanhar a trajetória que conduziu Lacan ao poético, torna-se incontornável remeter aqui a dois conceitos por ele fornecidos em momentos iniciais de seu percurso teórico, sem, contudo, se ausentarem de fato em sua obra tardia: a *fala plena* e a *fala vazia*. A primeira é plena de sentido, na medida em que se vê implicada pelos infortúnios que os lapsos, esquecimentos e ambiguidades constituem; a segunda, ao contrário, estabelece-se mediante uma destituição da pluralidade do sentido em prol da univocidade comunicacional, livre dos tais infortúnios – como diria Lacan, "a fala vazia é a que só tem a significação" (Lacan, 1976-1977, sessão de 15 de março de 1977). Entretanto, sabe-se que ambas vão se mostrar inadequadas ao que se possa pretender uma teoria psicanalítica, mediante as imposições da prática que a suscita e subsidia; afinal,

> *conhecemos os inconvenientes desses dois estados de língua com relação à interpretação: a fala plena*

de sentido organiza o fracasso do real a que ela visa,
substituindo-o pelo sentido com o qual ela encharca o
sujeito e seu sintoma; a fala vazia elimina o significante
em sua função de representação do sujeito para um
outro significante. Ela o elimina em função de signos
certamente inequívocos, inaptos a transmitir o que quer
que seja do sujeito, mas capazes de captar o real da
ciência. (Sauret, 1998, p. 65, trad. modificada)

Se a fala plena é capaz de veicular algo do sujeito, mas não dá conta de seu real, e a fala vazia é vazia demais para veicular algo desse sujeito, muito embora dê conta de apreender o real da ciência, Lacan se vê levado a procurar um terceiro estado de língua, que, assim como a fala plena, seria capaz de transportar alguma coisa do sujeito e, feito a vazia, permitiria circunscrever o seu real (Sauret, 1998, p. 66). A poesia acumulará relevância, portanto, uma vez que ela é notadamente capaz de se desembaraçar de uma problemática envolvendo a significação que aprisiona tanto a fala vazia (em seu furor comunicacional, em sua supressão de singularidades e extrusão do sentido) quanto a plena (em sua inundação de sentido e intrusão do sujeito).

A escrita poética irá cumprir, então, um papel de suma importância na teorização lacaniana, justamente por essa sua conivência com o real, da qual falamos há pouco; conivência atrelada à eficácia da verdade mobilizada pela clínica, posto que "é na medida em que a interpretação justa extingue um sintoma que a verdade se especifica", nos termos de Lacan (1976-1977), "como poética" (sessão de 19 de abril de 1977). E, uma vez que o real "se delineia como algo que exclui o sentido" (Lacan, 1976-1977, sessão de 15 de março de 1977), essa cumplicidade se verificará não pelo resvalamento por sobre as suas inflações – as quais custeiam o equívoco e se consagram na metáfora –, mas por um retorno do mesmo na língua, dilacerada por sobre os desfiladeiros da metonímia:

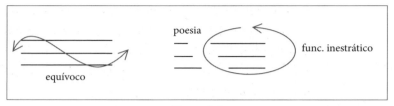

Figura 2.4

Se a poesia se encontra, assim, nos limites do semblante-simulacro, ela também está nos limites do sintoma e não se trata, portanto, de equívoco. Ela é ato, tem a temporalidade do ato, consistindo "em transcrever em lalíngua mesma, e por suas próprias vias, um ponto de cessação da falta ao escrever" (Milner, 1978/2012, p. 39); ou, ainda, dito de outro modo, consistindo em transcrever, com o resto que constituem as letras (essas estruturas essencialmente localizadas do significante) (Lacan, 1957/1998b, p. 505), o próprio limite da operação na qual estas se originam, num tempo mítico suposto na história do sujeito. Tempo em que, para o corpo, *tudo é marca e cesura*; e a inscrição, evacuada de sentido,[26] é em si mesma o seu próprio vetor: não enquanto o leito de corredeiras e diversas paragens da polissemia, mas como a erosão, o empuxo à fenda abissal e dantesca de *não mais que* uma direção. É com ela que o falante desce ao Inferno da língua.

Como formula Agamben (1988/1998), quando ela se precipita no abismo do sentido, isto é, *fracassa* (na acepção forte do termo: faz-se em pedaços), "a *unidade puramente sonora* do verso transgride a sua própria identidade e, ao mesmo tempo, a sua própria medida" (p. 24,

---

[26] Pensando no uso intransitivo do verbo obrar, lembremos da noção de obra como *objeto cedível* (cf. Lacan, 1962-1963/2005, p. 344).

grifos meus), efetivando assim uma violação interna, uma implosão dos estratos em que a língua se pauta. Assim, enquanto no discurso corrente o signo se realiza pelo apagamento (ou desvelamento, o que dá na mesma) da polissemia das palavras e construções, demarcando a garantia irrestrita às ambiguidades – quer apareçam sob a égide do lapso ou a da falha calculada do chiste[27] –, na poesia o esvaziamento do sentido faz com que um sujeito renovado surja ao serem tiradas as máximas consequências daquilo que forçadamente lhe sobra como única garantia de seguir adiante quando se lhe atravanca, radicalmente, o caminho costumeiro para a satisfação de sua demanda significacional. Afinal, como argumentam Gilles Deleuze e Félix Guattari (1975/1977),

> *essa linguagem arrancada ao sentido, conquistada em cima do sentido, operando uma neutralização ativa do sentido, não encontra mais sua direção a não ser em um acento de palavra, uma inflexão:* [como escreveria Franz Kafka,] *"vivo apenas daqui para lá, no interior de uma pequena palavra em cuja inflexão perco, por um instante, minha cabeça inútil". (p. 32)*

A verdade, que se especifica como poética em sua eficácia clínica, tem então a ver com o sentido e com os seus limites, já que toda enunciação sua está submetida à lei de um *semidizer* (no caso da verdade, a saber, não há nada a enunciar para além de sua metade) (Lacan, 1969-1970/1992, *passim*). No entanto, o fato de que o próprio da poesia, quando ela falha, dando a ver a sua causa, é justamente

---

[27] O chiste, em todo caso, entraria nisso de uma forma muito particular, e que seria preciso discutir mais demoradamente. Não é por menos que Lacan se pergunta: "será isso um ato falho ou um ato bem-sucedido? Uma derrapagem ou uma criação poética? Não sabemos. Talvez seja tudo ao mesmo tempo" (Lacan, 1957-1958/1999, p. 32).

possuir apenas uma significação ("ser puro nó de uma palavra com uma outra", como diz Lacan [1976-1977, sessão de 15 de março de 1977]) nos ensina que a vontade de sentido em jogo no poético é, em sua natureza, consoante à vontade de sentido na língua como tal, quando algo da verdade nela vem encontrar abrigo, trazendo consigo a sua metade sempre velada. Isso porque esse expediente semiológico redunda em fazer, por um átimo, com que haja um só sentido, eliminando o duplo sentido por meio de um *corte* na carne da língua. Ora, assim se pode compreender que, para Lacan, a poesia é não apenas efeito de sentido (*um*, seja ele qual for), mas também efeito de furo (Lacan, 1976-1977, sessão de 17 de maio de 1977) – furo que traga, precisamente, o duplo sentido salvaguardado pela fala, mas também ravina, carcome o que disso sobra feito ferida aberta, dando a ver um oco: o real da língua.

Diante disso, contudo, resta a seguinte indagação: como, em seu trabalho com a língua, o poeta consegue a façanha de ausentar um sentido? Ao que Lacan responde, taxativamente, dizendo que o poeta substitui o sentido ausente por aquilo que ele chamou de significação, isto é, "um vocábulo vazio". E é num corpo desde sempre verberado por significantes que esse vazio, um dia instalado, pode ser instado a ecoar diante de uma língua em riste contra a comunicação; uma língua que se recusa a servir e exige ser servida, atraindo o falante com uma isca de eficácia notável: o vazio que é o seu próprio. Não é por acaso que o amor entrará aí em cena, expressando-se, por exemplo, no qualificativo empregado à poesia de Dante: uma poesia "amorosa". Afinal, adverte Lacan (1976-1977), "o amor é apenas uma significação, quer dizer: é vazio" (sessão de 15 de março de 1977), o que exige do sujeito que ele coloque algo de si, do alento ao sopro, podendo perder-se nessa inflexão em que ele mergulha, encontrando a si mesmo noutro lugar quando tornar a inspirar para reaver seu fôlego.

Se é pelo magnífico poder de repetição dissimulado nas palavras que o corpo dos falantes "se transforma em sonoras catedrais", como discorre Foucault (1963/1999, p. 48) – pensemos no Maiakóvski de "Flauta-vértebra", executando na própria espinha dorsal a melodia de seus versos (Maiakóvski, 1915/2006a, p. 73) –, não é por acaso que as aberturas presentes nesse corpo lhe oferecem um suporte imediato: o dizer ressoa justamente em razão desses orifícios, "dos quais o mais importante é o ouvido", na opinião de Lacan (1975-1976/2007), justamente "porque ele não pode se encerrar, se fechar, se trancar" (pp. 18-19, trad. modificada).

E assim, à mercê de um som do qual o sentido só faz correr atrás, o corpo se coloca à prova de um movimento que a língua lhe imprime como quem dá um bote; bote que o deixa à deriva de seus ritmos e entoações, como primorosamente vertidos em "A onda", de Manuel Bandeira ([1960]1963/2012):

A ONDA

a onda anda
aonde anda
a onda?
a onda ainda
ainda onda
ainda anda
aonde?
aonde?
a onda a onda.

Ora, uma vez reconhecido que o oco no corpo da palavra é sintônico ao oco da palavra no corpo – ambos receptivos à trepidação da imagem acústica, à vibração significante cultivada pela poesia –, cumpre observar que a repercussão da voz, com o desprendimento da língua em relação ao mundo que ela é suposta a representar, convoca uma *evolução corpórea*, no sentido que se dá ao termo quando dizemos que os corpos celestes evoluem: afastamento e retorno numa órbita.

Da lida brissetiana com as línguas, Foucault também depreende que, na linguagem, cada uma das dimensões que eclipsa corresponde a "um órgão que eriça, um orifício que entra em excitação, um elemento que se erotiza".[28] Nesse processo, como desdobra Zumthor (1990/2005) escrevendo sobre a presença da voz, a poesia

> *aspira a fazer brotar séries de palavras que escapam, misteriosamente, tanto ao desgaste do tempo quanto à dispersão no espaço: parece que existe, no fundo dessa pulsão, uma nostalgia da voz viva. Toda palavra poética aspira a dizer-se, a ser ouvida, a passar por essas vias corporais que são as mesmas pelas quais se sorvem . . . o alimento, a bebida: como meu pão e digo meu poema, e você escuta meu poema da mesma forma que escuta ruídos da natureza. E essas palavras que minha voz leva entre nós são táteis. (p. 69, trad. modificada)*

Não nos detenhamos, contudo, na obviedade da homologia entre as cavas corporais e o vazio de que se vale o alcance do dizer. Sabe-se que, em se tratando de *voz*, no sentido forte do termo anteriormente evocado, o corpo todo não nega sua condição de caixa acústica, suporte sensível àquilo que vibra. "Daí a vontade", continua Zumthor (1990/2005), "contra as ignorâncias ou os falsos

---

[28] "[Q]uando a designação desaparece, que as coisas se imbricam com as palavras, daí é a boca que se cala. Quando a comunicação das frases pelo sentido se interrompe, daí o olho se dilata diante do infinito das diferenças. Por fim, quando o código é abolido, daí o ouvido *retine ruídos repetitivos*" (Foucault, 1970/1986, pp. 50-51, grifos meus).

O FLUXO E A CESURA   117

pudores das poesias de inspiração literária, de recorrer, através da voz e dos órgãos fonadores, a todos os ruídos do corpo": "do sopro esofágico ao sibilo bronquial, até mesmo aos arquejos estomacais". Dito de outro modo: é o corpo inteiro que "se torna, então, significante – para além das significações interpretáveis" (pp. 165-166, trad. modificada).

E é diante da valia desse deslize, das partes ao todo e do todo às partes, deslize significante para o ofício psicanalítico, que Lacan reconhece ser preciso prestar homenagem a Jakobson a respeito de sua formulação sobre a metonímia, pois é justamente nos trabalhos do linguista que um analista "encontra a todo instante com que estruturar sua experiência" (Lacan, 1957/1998b, p. 509, nota 17).

~

Ato, corpo e dizer: todos eles, em suas reentrâncias metonímicas, contribuem para que façamos algumas ponderações a respeito da poesia. Uma delas, sem dúvida, é a de que o tempo do poema não é o presente do indicativo (o *Präsens* freudiano, tempo do sonho), e isso minimamente porque os sonhos também são lembranças – "*Träumen ist ja auch ein Erinnern*" [o sonhar também é um lembrar], diz Lacan em alemão, evocando Freud, que, por sua vez, citava o poeta Hebbel (Lacan, 1953-1954/1986, p. 22, trad. modificada)[29] –, ao passo que a condição criativa, nas palavras mescladas ao francês de Tsvietáieva (1932/2017b), "é uma condição de tentação. Até começar é *obsession* [obsessão], enquanto não termina é *possession* [possessão]. Algo, alguém se instala dentro de você; sua mão é um

---

[29] Para ser mais preciso, Lacan menciona e traduz de forma livre a expressão em alemão, e isso da seguinte forma: "*Träume*, os sonhos, *sind auch erinnern*, os sonhos são também uma forma de lembrar". A frase original, retirada por Freud dos diários do poeta Friedrich Hebbel, é a seguinte: "Alle Träume sind vielleicht nur Erinnerungen" (Todos os sonhos quiçá sejam só lembranças). Cf. Hebbel (1841/1905, p. 111).

118 TÂNTALO E A IMINÊNCIA: ROMAN JAKOBSON E A SIMETRIA

intérprete, não seu, mas de outrem. Quem é ele? É aquele que quer ser através de você" (p. 174, trad. modificada).

No que se refere à dimensão da lembrança, é fato que, em psicanálise, "a história não é o passado", e sim "o passado na medida em que é historiado no presente". Porém, continua Lacan (1953-1954/1986), "historiado no presente porque foi vivido no passado" (p. 21), tanto que Freud nunca abdicou da noção de *reescrever a história*, ainda que se saiba que o revivido, em si, não seja o essencial: o essencial é a reconstrução (p. 23).

Ora, se o inconsciente freudiano é "a incidência de algo que é completamente novo" (Lacan, 1974/1975, p. 17) – e que, em certa medida, faz jus à definição que Agamben (1988/1998) dá para texto, isto é, o prólogo de uma obra nunca escrita, e que assim o permanece necessariamente (p. 9) –, temos aí justamente a especificidade da noção de *retorno* proposta por Jacques Lacan: um retorno ao futuro da letra de Freud, não menos aproximável, enquanto ato, do que se passa na poesia (Souza Jr., 2008a, pp. 250-ss.), e que nos sugere contrapor ao presente do indicativo o futuro anterior, em toda a sua potencialidade. E é justamente um futuro que rebate o tempo – que foge à abstração linguística mais provável e que tem sua morada num pesponto do presente sobre ele mesmo (o futuro do presente como o suposto passado de um outro futuro) – que nos deixa na pendência de algo que escape ao esperado, mas que só se deixa apreender ulteriormente pelo sujeito que, ali, terá surgido como efeito da operação. Afinal, o que *terá sido* nunca fixa o futuro como tal: ele deixa sempre aberta uma brecha, e sobre ela pouco ou nada se sabe de antemão – pois, quando se souber, já terá passado adiante.

Recorte de *Cassandre* (Cassandra), gravura de Cornelis Bloemaert (1603-1692) a partir de Abraham van Diepenbeeck (1596-1675)
Fonte: Marolles, M. de (1655). Livre VII: La mort, le Deüil, les Enfers, & le Sommeil. In *Tableaux du temple des muses*. Paris: Antoine de Sommaville.

3. Cassandra e o porvir: Jacques Lacan e o poético

A própria Poesia, que se gaba de falar feito os Deuses.

G. de Cordemoy, *Discours physique de la parole*, 1668.

Sabe-se que as palavras, contaminadas pela falta, estão longe de tudo dizer. No terreno da filosofia muito se refletiu a esse respeito, e a chamada ciência da linguagem soube reconhecer aí o que também a acomete: Chomsky (2000/2005), por exemplo, a propósito dos limites do engenho humano, não deixa de nos advertir sobre os "'mais altos segredos da natureza', os quais 'sempre permanecerão' em 'obscuridade', como Hume supôs – ecoando . . . Descartes" (p. 234). Contudo, não seria sequer preciso aguardar a *mathesis* cartesiana e seus diversos desdobramentos implicando o reconhecimento dos limites do simbólico (Le Gaufey, 1996/2018). Isso porque não é mesmo incomum encontrarmos elaborações a respeito da existência de uma espécie de *sigilo verbal* – conluio entre a linguagem e uma porção da verdade que não se deixa dizer – em muitas culturas antigas, sobretudo na esteira das suas mitologias; e

124 CASSANDRA E O PORVIR: JACQUES LACAN E O POÉTICO

não é o acaso que as faz proliferar justamente aí, uma vez que, não podendo a fala "apreender o movimento de acesso à verdade como uma verdade objetiva", resta a ela, de fato, fazê-lo a partir do mito (Lacan, 1978/2008, p. 13).

Consideremos dois breves exemplos. Llŷr Llediaith (Lir Meia-Língua) era o pai dos deuses e do universo, segundo a mitologia galesa. Quando da criação, os deuses que a executaram conforme as suas ordens não entenderam mais do que a metade daquilo que havia dito, uma vez que ele não falava propriamente a mesma língua que os ajudantes, isto é, cometia barbarismo (*llediaith*, justamente, em galês); desse modo, para tudo aquilo que se criou haveria uma bárbara contraparte, "não expressa e velada", que seria justamente "a outra metade do plano de Lir" (J. Varian, *apud* Cowell, 1920/1982, p. 64). Menos otimistas são os hindus a esse respeito, visto que em algum lugar nos Vedas está dito que nada além de um quarto da linguagem estaria disponível aos homens, ao passo que o resto, por sua vez, permaneceria "escondido em outro mundo, talvez no silêncio" (Shulman, 2007, pp. 305-306). Mas, então, protesta o leitor atilado: se o limite da palavra não é sua ausência como tal – uma vez que ela própria já carrega em si o fardo de não dizer tudo, bem como a ação de calar não deixa por vezes de compor o seu sentido –, quanto a esse silêncio *na* palavra, o que com ele emudece? Ou, ainda, dito de outro modo: *o que é que, falando, deixa-se de dizer?*

Para arriscar a resposta, que se acate um pequeno desvio. Ponderando sobre esse limite radical em jogo no acesso *da* e *pela* linguagem ao falante, vejamos que não custaria evocar o poético exatamente como depositário desses arcanos; isso a ponto de parecer necessário, ainda nos dias de hoje, aferrar-se aos romancistas ou aos poetas para uma compreensão maior dos assuntos que eclipsam o homem em sua ciência (Smith, 2000, p. 12). A esse respeito, iluminam os próprios poetas: Victor Hugo (1822/1864a) afirma que "a poesia é tudo o que há de íntimo em tudo" (p. VI), de tal modo que a função do poeta, então, seria consentir "vibrar nele, por alguma fibra/ a universal humanidade" (Hugo, 1840/1864b, p. 220); García Lorca (1997), por sua vez, numa entrevista publicada no diário *La Voz* [*A Voz*] poucos meses antes de sua morte, chegaria a proferir que todas "as coisas têm seu mistério, e a poesia é o mistério que todas as coisas têm..." (p. 628).

Ora, tornemos à tradição indiana: sem poder separar o sentido das suas formas de expressão – haja vista que, na poesia, som e sentido partilham uma dominância equânime –, o poético estabelece uma trama que é, no mínimo, bastante particular em seu efeito. Como "Mammaṭa nos assegura, [ela] opera sobre nós como a pessoa amada (*kāntā*) e, como tal, é capaz de nos transportar para além de nós mesmos, para além do mundo cotidiano" (Shulman, 2007, pp. 305-306). Ou seja, a poesia é capaz de evocar não o que não se fala por ser impronunciável – visto que não se trata de pensar numa suposta imanência de um puro pré-verbal, que se encontraria, enquanto tal, manifesto nas trilhas do poema –, e sim aquilo que emudece no próprio decorrer do discurso.

Mas se a poesia tem a ver com o amor, não é exatamente no sentido em que dele fala Charles Baudelaire (1869/1995) em "As multidões": "coisa bem pequena, restrita e frágil, se comparada a essa inefável orgia, a essa santa prostituição da alma entregue por inteiro, poesia e caridade, ao imprevisto que surge, ao desconhecido que passa" (p. 42). Isso porque, com Lacan (1973-1974, sessão de 8 de janeiro de 1974), se podemos pensar que o amor é o amor cortês – na medida em que ele representa o impossível do laço sexual com o objeto, tanto que amar é dar o que não se tem para quem não quer –, então, a poesia como escrita de um fracasso (escrita que *faz com* o fracasso para ela em jogo) ecoa uma outra vertente do amor que não a de uma artimanha no tratamento da falta. Daí, então, mais uma discrepância: o amor como aquilo que evidencia a lacuna entre os corpos, por um lado; o amor como suplência à inexistência de relação entre eles, por outro. Não é de hoje, contudo, que se reconhece o adágio de que o véu oculta tanto quanto adverte a respeito da existência daquilo que recobre – o que faria dessas formas de entendê-lo as duas faces de uma mesma coisa. A orientação é, aqui, portanto, algo determinante, na medida em que indica o privilégio dado, a posição tomada, diante do caráter bífido disso que se trata de vislumbrar.

No que se refere à primeira vertente, podemos pensá-la como justamente a incidência da língua sobre ela mesma e, assim, algo que suspende a linguagem do contexto ordinário: ruptura, portanto, com a tentação comunicacional da unificação entre os seres; com a consideração da existência da linguagem enquanto algo que se cria no intervalo radical entre um corpo e outro, preenchendo-o de certa maneira. É rumando para essa suspensão que, com Lacan (1968-1969), pensaremos que

> *o amor cortês, ou pelo menos o que nos resta dele, é uma homenagem prestada pela poesia ao seu princípio, isto é, ao desejo sexual. Em outras palavras, ainda que esteja dito no texto de Freud que, fora das técnicas especiais, o amor só é acessível sob a condição de sempre permanecer estritamente narcísico, o amor cortês é a tentativa de ultrapassar isso. (p. 225)*

A poesia se situa, então, na fronteira entre o que se produz como simulacro na linguagem – entremeado à manutenção narcísica e ao tamponamento da falta – e o ímpeto de cometer um franqueamento que tem em vista a radical alteridade do Outro. Todavia, o poético, então reavivado na temática do amor cortês, nos questiona em suas sutilezas: afinal, se o amor é apenas uma significação ("um vocábulo vazio"), o que guardam de relação entre si aquilo que se passa no amor e aquilo que, enquanto efeito de sentido, está presente na poesia em geral?

O fato de a poesia fracassar por se valer de uma significação comporta uma ambiguidade. Como vimos, não há poesia que não seja fracasso, minimamente no sentido de fracassar em dar conta daquilo que a produziu. Ora, a própria temática do amor cortês, insistência sobre o impossível, subtrai-se a si pela prática de uma métrica e de uma rima que a colocam justamente no nível do possível, do simétrico e do regular. Dessa forma, se o poema cortês fracassa, tendo apenas uma significação, por um lado, ele tem êxito em sua constituição material, que o retira do círculo cotidiano das práticas verbais, o que lhe confere um sentido – afinal, é poesia, e não outra coisa. Se, por outro lado, dotado de significação, fracassa como efeito de sentido, ele rompe com a cadência ordinária da língua, em todo caso, e produz o fracasso da cristalização *aí em jogo* – afinal, é poesia, e não outra coisa.

Não por menos o insucesso do inconsciente freudiano é precisamente o amor, nomeando sub-repticiamente o seminário de Lacan em 1976-1977,[1] na medida em que o apego a uma significação vazia se confronta diretamente com a possibilidade das suas formações, que estão justamente relacionadas com a questão do sentido – quer na inundação causada por um lapso, um ato falho, uma ambiguidade, quer na presentificação do contrassenso em jogo no chiste. Contudo, a poesia amorosa, enquanto tema genérico, não é capaz de subsumir as características da temática do amor cortês de que fala Lacan: ela é exatamente o apego ao sentido, e não a significação vazia do amor que explicita o impossível da relação entre os falantes. Somos levados, assim, a conceber obrigatoriamente

---

[1] O título do seminário é *L'insu que sait de l'une bévue s'aile à mourre*, que ressoa justamente "*l'insuccès de l'Unbewusste, c'est l'amour*".

128 CASSANDRA E O PORVIR: JACQUES LACAN E O POÉTICO

duas dimensões da poesia. Primeiramente, aquela que é capaz de conclamar do sujeito *um* sentido, ao qual ele se aferre e dele tire consequências; aquela que é capaz de despertar um discurso: a *poesia escrita*, na medida em que atualiza um rompimento com o compromisso de conservação custeado pela língua. Em segundo lugar, a *poesia dita*, que, segundo Lacan, adormece; uma poesia que dita ao sujeito o adormecimento de sua própria língua, uma vez que as escolhas moduladas por aquele que declama já apaziguam a natureza radical do que estava colocado ali enquanto letra, fazendo a fala tender à cantilena.[2]

Mas se, por fim, o poeta consegue ser ele próprio e um outro, na inefável libertinagem das construções verbais, a poesia denuncia a sua própria fraudulência. Afinal, ela se divide entre o jogo tímido de reavivar a intimidade dos corpos em seu autoerotismo estendido ao outro, no ritmo e entonação de suas polifonias reverberantes, ao mesmo tempo que, como furo, prática da *anderobscenidade*[3] de lalíngua (Lacan, 1976-1977, sessão de 19 de abril de 1977), incide no real da língua como traição da cristalização no uso: franqueamento do amor narcísico em direção à extimidade dos corpos e seu *alterotismo*.

E é aí que encontramos outro ponto em que elas, psicanálise e poesia, novamente se roçam. Afinal, nas palavras de Lacan (1976-1977),

---

[2] E isso, todavia, não sem as seguintes ressalvas: quanto à poesia escrita, subtrai-se desse enquadre aquela que se orienta na esteira do sentido (o que poderíamos nomear, em oposição a uma prosa poética, como uma *poética prosaica*); quanto à poesia falada, por sua vez, a *poesia sonora* (ver p. 100), por exemplo, insiste num compromisso com a fragmentação escritural em sua performance. Cf., sobre a letra como estilhaço, Souza Jr. (2009).

[3] Lacan condensa aqui os termos "outro" (*andere*, em alemão) e "obsceno" (*obscène*, em francês).

a psicanálise [também] *não passa de uma fraude . . .;*
e a poesia se funda precisamente nessa ambiguidade de
que estou falando e que qualifico como duplo sentido.
A poesia me parece, no fim das contas, competir à rela-
ção do significante com o significado. Pode-se dizer, de
uma certa maneira, que a poesia é "imaginariamente
simbólica". (Sessão de 15 de março de 1977)

Quanto a isso que é imaginariamente simbólico, por sua vez, lembremos que é justamente como se qualificaria a verdade na teorização lacaniana (Lacan, 1979, p. 9). Assim, se o escrito é indispensável para interrogar a morada da verdade (Lacan, 1971/2009, p. 60), não seria por menos que, com o passar do tempo, Lacan vá radicalizando cada vez mais o peso dado tanto ao poético quanto a espacializações que, mediante exercícios hiperbólicos de topologia, fossem capazes de transmitir, pela escrita, aquilo que está aí em jogo em termos de continuidade e ruptura.

~

É precisamente no átimo de aniquilamento do discurso do semblante que se ultrapassa um limiar, ponto em que a palavra não terá suscitado simulacros; em que se estabelece algo novo, sem garantias para além do seu próprio ato de instauração. O poético, então, teria justamente a ver com esse *hiato*: ato de transgressão de uma fenda, mas não uma fenda no mundo; antes mesmo, o reconhecimento e o exercício dessa hiância no próprio seio da linguagem.

Num texto que remonta à dinastia Sòng, datado do século XI, o autor se vale da polissemia de um termo cuja escrita é 文 (pronunciado *wén*, em mandarim, significando padrão, mote, figuração, linguagem, texto literário), para se referir à poesia como as rugas que se formam na superfície da água com a passagem do vento,

130 CASSANDRA E O PORVIR: JACQUES LACAN E O POÉTICO

> *este é o mais belo* wén... *que há sob o firmamento. Mas essas duas realidades, que são o vento e a água, como teriam chegado a produzir esse* wén...? *É sem intenção que aí chegaram, e sem prevê-lo que se encontraram – e disso nasceu o* wén. *O que deu à luz esse* wén *não é o* wén *da água nem tampouco o* wén *do vento. Não era para essas duas realidades produzirem esse* wén, *nem para não produzirem. Essas realidades agiram uma sobre a outra e o* wén *apareceu entre as duas. E é por isso que é o mais belo* wén *que há sob o firmamento.*
>
> *(Sū Xún,* apud *Jullien, 2003, p. 81)*

Não nos parece pouco que essa formulação remeta às considerações saussurianas sobre o valor linguístico, inclusive à imagem, recuperada no *Curso* (Saussure, 1916/1972, pp. 130-ss.), da qual ele teria lançado mão para tanto. Vemo-nos, pois, diante de um salto que descreve a passagem da cena em que o significante se especifica por sua relação com os outros significantes (encontrando sua garantia na pretensa estabilidade gramatical e no esteio de um referente que o acolha), passando por sobre a barra que radicaliza a relação entre a imagem acústica e o conceito (resistência que se deve à pura disparidade dos elementos em questão), rumo a um Outro – tanto da língua quanto da teorização. Tempo que, ao compreender o estabelecimento de um primeiro laço entre significante e significado, por um átimo que seja, vai ter evocado, pela corruptela dos vínculos já possíveis, um significante que não terá comportado sentido algum, que terá sido puro traço material de passagem entre "o plano indefinido das ideias confusas (A)" e "o plano não menos indeterminado dos sons (B)" (p. 131).

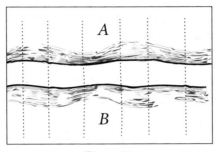

Figura 3.1

A poesia opera, então, justamente a partir desse "ponto de indiferença entre a origem e a abolição, a manhã e a morte", como afirma Foucault (1963/1999, p. 40) a partir dos trabalhos de Raymond Roussell: instante inaugural tangenciado e esquecido inarredavelmente em toda tomada de palavra[4] – mas perseverado, com efeito, pelo poético. Assim, na esteira de Agamben (1988/1998), se podemos dizer que a linguagem é o anjo da morte com o qual a humanidade sempre esteve em pé de guerra "para lhe arrancar o segredo que ele se contenta em anunciar" (p. 116), a poesia é o que suspende essa extinção de modo a dar azo ao seu revés. É à sepultura, outrora berço, anunciada pelo anjo caído, que o poeta retorna, inundado pelas eclusas de sua própria língua, para apontar que é nesse gesto de renascença (desmanche e fabricação) que se instala o seu ato, solidário da falta viva que retumba nos quatro cantos do código. Assim, se concordamos com Milner (1978/2012), "a poesia tem que ver com a verdade (dado

---

[4] O autista, em sua resistência a tomar a palavra e assumir uma posição enunciativa, talvez revele algo não apenas sobre a sua evitação em assumir uma perda de gozo para o significante. A saber: seu próprio interesse em não perder, nem por um instante, mediante esse ponto de indiferença, a garantia de uma demarcação estável do lugar desse Outro que ele tanto recusa.

que a verdade é, estruturalmente, aquilo com o que a língua está em falta)"; mas é preciso complementar: com a verdade "e com a ética (já que o ponto de cessação, uma vez circunscrito, exige ser dito)" (p. 39).

Temos aí, portanto, duas dimensões que merecem sobremaneira nossa atenção: a primeira convoca a pensar a própria relação que a verdade, em seu semidizer, mantém com o real; a segunda, indiretamente, traz a dimensão do *estilo* – uma vez que aquilo que exige se dizer será dito de uma determinada maneira, e não de outra.

~

Lembremos, com Saussure (1916/1972), que, "para escapar às ilusões, devemos nos convencer, primeiramente, de que as entidades concretas da língua não se apresentam por si mesmas à nossa observação". No entanto, é digno de nota que, logo em seguida, o linguista vaticine o analista, dizendo: "se procurarmos apreendê-las, tomaremos contato com o real" (p. 127). Vimos brevemente contextualizadas, num primeiro momento, algumas formas de abordar esse real que aqui nos convoca, a saber: o que teima em resistir à escrita e que, por meio da poesia, encontra uma inscrição possível nos impérios da palavra, deslocando-a. No entanto, não seria o caso de dizer que a poesia deixa de enfrentar a resistência do real à introjeção da diferença – resistência que seria inclusive igualada por Maiakóvski à própria noção de escrita poética, associada ao trabalho de dobrar (*загибать* [*zaguibát'*]), envergar, fazer ceder o impossível[5] –, nem tampouco que a própria *língua*, apesar de seu efeito de deriva, deixe de carregar consigo algo do real.

---

[5] Tradução do poema, dedicado a Serguêi Iessiênin, para o português brasileiro: "Você,/ com todo esse talento/ para o impossível [*загибать*],/ hábil/ como poucos". Cf. respectivamente, Maiakóvski (1926/1957, p. 101) e Maiakóvski (1926/2006b, p. 110).

O FLUXO E A CESURA   133

Por meio da concentração da mensagem sobre ela própria, da fricção do código sobre si mesmo, a poesia *faz com* a resistência que aí se apresenta. É o que bem notamos, aliás, na obra de Marina Tsvietáieva, que se mostra pautada justamente pela segmentação de uma espécie de fluxo poético (que ela chama de *verso primário*), mediante uma prática explícita de corte, encarnada no emprego abusivo de travessões: "pelas necessidades do ritmo de minha escrita, vi-me obrigada a separar, a romper as palavras em sílabas por meio de um travessão não usual em poesia. Durante anos me repreenderam por isso . . ., mas nunca pude responder mais do que: 'assim deve ser'" (M. Tsvietáieva, *apud* Ancira, 1990, p. 8).

Impõe-se, contudo, a seguinte pergunta: quando a poesia escreve algo desse mistério, o que se revela? Afinal, se estivéssemos diante de um método de desbravamento capaz de acúmulo, o corolário poético já não caberia mais em si mesmo, ao longo de todas essas épocas em que os humanos vêm se rendendo à prática do poema em suas mais diversas tradições. Ora, se a poesia consiste justamente no retorno do mesmo na língua, nesse processo a linguagem é retirada da pretensa obviedade cotidiana de sua função e natureza de significação. Assim, distanciada de si mesma, exibe-se aí justamente um intervalo que, de acordo com o crítico literário Pierre Macherey (1963/1999), dá a conhecer que,

> *no abismo assim revelado, no coração da linguagem, jaz não a plenitude de um sentido oculto, mas aquilo que constitui a verdade mesma da linguagem, quer dizer, seu vazio ou, se quisermos, sua facticidade. É o que Foucault chama de "falha ontológica da linguagem". (p. XXII, trad. modificada)*

Dito isso, depreende-se que o que temos aí consiste menos numa soberba experiência verbal – que fosse somável em seus

134 CASSANDRA E O PORVIR: JACQUES LACAN E O POÉTICO

efeitos de garimpar os eventuais enigmas da linguagem – do que, mais precisamente, um expediente elementar que evoca a própria relação do falante com o tesouro irrisório da língua. Estamos, assim, diante da poesia enquanto tentativa de dar extensão, criar um tecido verbo-temporal, ao abismo que, instalado no e instalando o campo da linguagem, é menos o seu produto do que propriamente a verdade de sua gênese.[6]

E a poesia, portanto, como terreno fértil à possibilidade de entrelaçamento entre imagem acústica e conceito – destituindo e reconstruindo liames que seriam, de saída, sempre de natureza metafórica[7] –, sugere que qualquer processo de significação possa ser chamado genericamente de poético, "se aceitamos que o eixo de seleção é o encontro inicial em todo e qualquer processo de codificação", como sustenta Bradford. Porém, se "os poetas, que salientam a notoriedade prévia da seleção-metáfora por sobre a combinação--metonímia, são as pessoas que confrontam honestamente a relação fenomênica real entre linguagem e referente, *signans* [significante] e *signatum* [significado]" (Bradford, 1994/2005, p. 13), não é na medida em que sustentam com sua prática um livre-comércio entre o que se poderia chamar de duas instâncias (signo e referente, significante e significado), e sim precisamente o contrário.

Vejamos. Ao passo que, no falar cotidiano, o nó que ata as duas instâncias parece amarrado o suficiente para que se esqueça tanto quanto possível da disparidade ali em jogo – de tal modo que se parte

---

6 Abismo patente, inclusive, e não por acaso, em sua própria dissolução. Afinal, se "a função poética projeta o princípio de equivalência do eixo de seleção no eixo de combinação", esse "ato de projeção, examinado no contexto do trabalho sobre as afasias, [por exemplo,] não é uma deformação bizarra do uso linguístico; ele restitui ao eixo de seleção o seu verdadeiro papel, como o encontro primário, prévio, com o código da língua" (Bradford, 1994/2005, p. 13).

7 "Toda designação é metafórica, não pode fazer-se senão por intermédio de outra coisa" (Lacan, 1971/2009, p. 43).

do princípio de que o significante está sob o jugo de algum conceito que se ampara num referente –, a poesia é o estabelecimento de algo a deflagrar que o conceito mata a coisa, e que revivê-la no nível do verbal só é possível mediante o exercício da *função propriamente significante*;[8] e isso a ponto de, na materialidade da linguagem, algo dessa morte se deixar dizer metonimicamente. É o que Jakobson (1919/1973a) tange ao declarar que

> *a associação mecânica por contiguidade entre o som e o sentido se realiza tão mais rapidamente quanto mais habitual ela for. Daí o caráter conservador da linguagem cotidiana. A forma da palavra morre rapidamente. Em poesia, o papel da associação mecânica é reduzido ao mínimo, enquanto a dissociação dos elementos verbais adquire um interesse excepcional.* Os afixos mortos se animam. *(p. 20, grifos meus)*

Sabe-se que as especificidades de uma língua, seja pelas regularidades que deflagram sua particularidade em meio a outros idiomas, seja pelas idiossincrasias que evidenciam as tais regularidades "no interior" dela mesma, delineiam um conjunto de restrições que vão afetar desde a construção do sentido (dizível/indizível) – patrimoniado pelas noções de correto e incorreto –, até o próprio aparelho vocal (articulável/inarticulável).[9] E essas restrições se dão a ver naquilo que é denominado *forma*, conceito rente ao corpo, posto que entendida precisamente como algo que, nas palavras de Jakobson, "existe tanto quanto, para nós, é difícil percebê-la; tanto quanto sentimos a resistência da matéria; tanto quanto hesitamos: é

---

[8] A respeito do que Lacan chamou de "significância" (*Deutung*), cf. Nancy & Lacoue-Labarthe (1973/1991, pp. 69-ss).
[9] Cf. Heller-Roazen (2005/2010, pp. 7-9), sobre "o ápice do balbucio".

prosa ou verso?; tanto quanto sentimos 'dor no maxilar'", submetido à musculatura do verso (Jakobson, 1919/1973a, p. 13).

Eis o que sustenta a afirmação, feita por Milner, de que, sendo toda língua capaz de poesia, toda língua é também capaz de gramática. E isso não apenas no sentido de que a poesia repousa num retorno do mesmo, como afirmara o autor, muito embora seja verdade que, a percepção sensível não sendo "suficiente para determinar o que contará aqui como mesmo e como diferente, é preciso uma doutrina autônoma, a qual se funda necessariamente sobre um juízo que o sujeito sustenta sobre a própria língua", juízo que é fundamentalmente gramatical (Milner, 1989, p. 53).

Para além disso, digamos, cumpre ressaltar que é o poético que aquilata retroativamente os limites de que se trata de transpor no âmbito do gramatical; e apesar de a poesia não promover conservação, é precisamente nesse sentido que, como afirmaria Friedrich Hölderlin (1803/1953, p. 198), são justo os poetas que firmam o que permanece.[10] Mas o que é que permanece, senão as letras ($\gamma\rho\acute{\alpha}\mu\mu\alpha\tau\alpha$ [*grámmata*]) dessa firma? Digamos, pois, que a forma – reificação da resistência, por assim dizer – revela-se por meio da gramática ($\gamma\rho\alpha\mu\mu\alpha\tau\iota\kappa\acute{\eta}$ [*grammatiké*]) enquanto aquilo que emerge justamente na borda desse vazio que a poesia terá cimentado, e que não é mais fácil de cernir do que a ela própria.[11]

Nos termos de Bradford (1994/2005),

> *a poesia é a essência da relação linguagem-referente,*
> signans-signatum; *ela antecede a prosa, e, com efeito,*

---

[10] Não por acaso, Jakobson afirmaria que "a capacidade de reiteração, imediata ou retardada, a reificação de uma mensagem poética e de seus constituintes, a conversão de uma mensagem em algo duradouro – tudo isso representa, de fato, uma propriedade inerente e efetiva da poesia" (Jakobson, 1960/2008, p. 150).

[11] Afinal, "mesmo as gramáticas existindo há milênios, ainda não se sabe com segurança qual é a forma da racionalidade gramatical" (Milner, 1973, p. 8).

foi destituída de seu estatuto genuíno pelas falsificações do discurso prosaico. O escritor de prosa – ou, para ser mais exato, a consciência prosaica – admite a relação linguagem-referente com um todo pré-determinado. O poeta, no entanto, permanece fiel ao conceito de código linguístico como ponto inicial do contato entre o si mesmo e o que quer que resida para além do si mesmo. (p. 13)

Com isso em vista, ou atrás da orelha, não custa compreender que a poesia é o que torna a linguagem possível, como também alegou Sylvain Auroux (1996, p. 228). Assim, se com o poético não se trata de uma mera elevação da língua cotidiana, pode-se afiançar, nos termos contundentes de Martin Heidegger (1950/1985, p. 28), que é "o discurso cotidiano que é, antes mesmo, um poema esquecido, e por isso batido, do qual quase não ressoa um chamamento". E o fato de a tradição gramatical ter sempre ido buscar amparo nos escritores criativos para engrossar o caldo de seus exemplos e legitimar suas proposições não é, se bem nos atentarmos, uma escolha fortuita.

Ademais, ancorando o sujeito no campo do Outro, a gramática é o conjunto explícito de restrições que se partilham e que, em se partilhando, mesmo que por vezes a suposição do sentido caia por terra, o sujeito se mantém um tanto quanto seguro de estar, com relação ao seu próximo, ao menos no mesmo campo de regras que o regem.[12] Assim, os falantes subsumem sua alteridade a uma relação linguístico-especular, na medida em que, ainda que o outro seja precisamente o que não é idêntico, esquecemo-nos disso quando entendemos falar a mesma língua. E esse outro se torna, assim, apenas "um semelhante, um lugar de projeção de si mesmo", de

---

[12] Sintonia nem sempre desejável, como nos mostra Louis Wolfson em seu projeto de desconstrução da língua materna pela língua estrangeira (cf. Wolfson, 1970).

maneira que "falamos, pelo desvio do outro, conosco; fazemos disso um objeto de satisfação pulsional", como salienta Serge Leclaire (1998/2001, p. 81).

Em linhas gerais, afinal, se o estilo é o homem a quem nos endereçamos (cf. Lacan, 1966/1998e, p. 9), uma língua não é nada mais que uma forma de se dizer para; algo que os poliglotas podem aclarar suficientemente, se damos ouvidos aos seus relatos sobre o trânsito de uma língua a outra, bem como os diferentes afetos envolvidos em cada uma delas nas mais diversas facetas da experiência (cf., dentre muitos outros, Canetti, 1977/1987, pass.). A poesia, no entanto, assume essa tarefa de modo particular, subvertendo-a, na medida em que, como lembra Bradford (1994/2005), as propriedades estruturais da linguagem poética são, em grande parte, também o seu próprio tema (p. 23). Assim, a poesia *diz-para* o próprio ato de dizer-se ao outro, de *alter*ar-se; ao passo que o discurso corrente diz ao outro como reflexo de si mesmo, a poesia, redizendo o mesmo, abre a possibilidade de que se resvale numa Outra direção.

A esse respeito pode nos clarear o caminho a noção de *verso*, entremeada que sempre esteve ao próprio poético, ou mesmo ao linguístico como tal.[13] Se concedermos à etimologia a chance de nos ensinar a origem dos termos, como faz Jakobson (*oratio prosa < prorsa < proversa* [fala em direção progressa] e *versus* [retorno]), veremos ser possível "delinear consistentemente todas as inferências do fato óbvio de que ... a essência do artifício poético consiste em retornos recorrentes" (R. Jakobson, *apud* Bradford, 1994/2005, p. 29). No entanto, a *versura*, como Agamben (1988/1998) denomina

---

[13] "Aparentemente, nenhuma cultura humana ignora a versificação, ao passo que existem muitas amostras de cultura sem verso 'aplicado'; e mesmo naquelas que possuem tanto versos puros como aplicados, estes parecem constituir um fenômeno secundário, indubitavelmente derivado" (Jakobson, 1960/2008, p. 131, trad. modificada).

o cerne do verso, "é um gesto ambíguo, voltado simultaneamente para trás (*versus*) e para frente (*pro-versa*)" (p. 24).

Marcadamente expresso na noção de verso, então, reconhece-se o caráter bustrofédico[14] da poesia; caráter que, na contramão daquilo que o discurso ordinário prima por silenciar, vem advertir que a própria língua, enquanto tal, como dissera Saussure, "é um traje coberto de remendos feitos de seu próprio tecido" (Saussure, 1916/1972, p. 200). E, como conclui Milner,

> *a verdadeira desordem só pode estar . . . na própria linguagem, quando aí se introduz uma dissimetria que nenhuma regra teria como evitar. É o instante patético em que um poeta se cala, pois então se revela que ninguém dirá mais o que por ele ainda não foi dito. O linguista encontra aqui o limite de seu saber: a língua, que é seu objeto, mostra-se para ele de um ponto a partir do qual ele não tem entrada. (Milner, 1978, p. 56)*

A complicação que se instaura, exemplarmente assinalada pela saga saussuriana, é que a aporia entre o repetível e o não repetível, entre a similaridade e a contiguidade, entre a unidade e a dissolução não permite ser abandonada ao, tão simplesmente, optarmos pelo que se pudesse entender como uma ou outra posição frente

---

[14] Do grego βουστροφηδόν [*boustrophédon*] (βους [boi] e στροφή [virar] – daí "estrofe"), o termo designa um sistema de escrita que lembra os trilhos abertos pelo animal que, numa plantação, ao atingir o fim do terreno em que está arando, dá meia-volta e regressa: continua de trás para frente, em vez de retomar o começo da linha. Como exemplo, o excerto de uma inscrição jônica, com as setas indicando o sentido da leitura. Cf. Cook (1987, p. 40).

Figura 3.2

à natureza antinômica da linguagem; tampouco por qualquer esperança conciliatória. Afinal, como bem pontuaram Gadet e Pêcheux (1981/2004):

> *Saussure não resolve a contradição, invisível antes dele, que une a língua a lalíngua: ele a abre, tornando-a visível. Se o diurno não suporta ser separado do noturno, o estatuto do conceito é desviado na sua relação com os deslizamentos da metáfora e do equívoco. A ausência de um conceito não produz seu simples contrário, e a loucura não é a sua simples mudança ou falta. É na trama imaginária de uma teoria que se negocia a relação com a loucura: quando, hoje em dia, decidimos lançar a ciência contra a loucura, começamos por fazer da ciência uma lógica oposta à não lógica da loucura; esquecemos, assim, que a loucura (e a poesia) fazem também um certo uso da língua, são igualmente apreendidas no real. A língua como lugar de um saber em que ficções podem ser regradas é o ponto logofílico contraditório pelo qual a linguística toca o seu real. (p. 63, trad. modificada)*

A tentativa de trabalhar com os estratos, portanto, apresenta-se à teoria não apenas como imposição da própria análise ao seu objeto, mas como reconhecimento, nele, de uma realidade logicamente anterior à formalização – não sem a iminência de seu próprio esfacelamento, do fluxo à cesura e da cesura ao fluxo. Isso nos mostra que há uma tensão derradeira inflexível no que se pode chamar de linguístico: *as unidades e estratos existem*, definhando tão logo deles se aproxime pela forma; *ao mesmo tempo que inexistem*, mas terão emergido tão logo se mostre necessário salvaguardar o sentido.

Mas de "que importa o sentido, se tudo vibra?", indaga-se Alice Ruiz (1984, p. 49). Em última instância, acaso não estaria aí muito precisamente a regra de ouro e de prata (tanto para o silenciar quanto para o dizer) que através dos tempos nos tem ensinado a poesia?[15] Por outro lado, o quanto essa afirmação não encontra em si mesma o próprio limite! Afinal, Émile Benveniste recorda que muito já se fez para "evitar, ignorar ou expulsar o sentido", e ele, apesar de tudo, feito uma cabeça de Medusa, permanece "sempre aí, no centro da língua, fascinando os que a contemplam" (Benveniste, 1962, pp. 134-135)...

A aporia, assim, perdura. E daí se impõe, no entanto, a despeito de qualquer coisa, o fato de que algo sempre insiste, ou seja, o fato de que *isso* não se cala nunca. Eis, no fim das contas, segundo Milner (1998-1999/2000), o que o próprio "nome linguagem estenografa" (p. 24): algo que não cessa de não se escrever e que, sem que o paradoxo lhe impeça, escreve-se de uma vez por não todas.[16] Afinal, como afirmara Lǎo Zǐ (*apud* Liu, 2006), "a Via resvala no Vazio mediano, é de seu costume. Nunca, porém, ela dá em falso; nem tampouco entorna" (p. 95). Que essa Via seja a do Verbo é algo a que estamos, bípedes implumes, fatidicamente condenados.

E não que o poeta, sobre isso, tenha bastante a nos dizer; mas também a muito custo, é verdade, poderia livrar-se de fazer com isso alguma coisa, advertido que ele está de sua própria condição perante a língua e reconhecendo, sobre o sendeiro da sua história, o fato de só haver remissão pelas veredas da palavra:

---

[15] "Ó, poetas santos! Pois arte é o som garboso,/ Simples, diverso, fundo, íntimo, misterioso,/ Tal qual água fugaz, que um nada já atalha,/ Por um eco rediz, em toda criatura/ Que sob os dedos teus exale a natura,/ A infinda em teclas malha" (Hugo, 1831/1857, p. 305).

[16] O real como impossível, mas também como contingência (ver p. 33).

Com exceção dos parasitas, em todas as suas varieda-
des – todos são mais importantes que nós. E sabendo
disso, em plena lucidez mental e firmeza de memória,
com não menos lucidez e firmeza assevero que não tro-
caria por nenhuma outra coisa aquilo que faço. Quanto
mais sei, menos crio. Por isso não tenho perdão. Somente
aqueles como eu terão, no Juízo Final, a consciência
interrogada. Mas se há um Juízo Final da palavra –
perante ele, sou inocente. (Tsvietáieva, 1932/2017b,
p. 197, trad. modificada)

Poesia (Despedida)
[1916]

Prezado
Ettore Serra
poesia
é o mundo a humanidade
a própria vida
da palavra, a flora
a límpida maravilha
de um delirante fermento

Quando acho
aqui no meu silêncio
uma palavra
escavada é na minha vida
como um abismo.

– Giuseppe Ungaretti [1888-1970]

Poesia (Commiato)
[1916]

Gentile
Ettore Serra
poesia
è il mondo l'umanità
la propria vita
fioriti dalla parola
la limpida meraviglia
di un delirante fermento

Quando trovo
in questo mio silenzio
una parola
scavata è nella mia vita
come un abisso.

– Giuseppe Ungaretti (1916/1962, p. 83).

Referências

Agamben, G. (1998). *Idée de la prose* (G. Macé, Trad.). Paris: Christian Bourgois. (Trabalho original de 1988)

Agamben, G. (1999). *The end of the poem: studies in poetics* (D. Heller-Roazen, Trad.). Stanford: Stanford University Press. (Trabalho original de 1996)

Agamben, G. (2005). *Infância e história: destruição da experiência e origem da história* (H. Burigo, Trad.). Belo Horizonte: Editora da UFMG. (Trabalho original de 1978)

Ancira, S. (1990). Presentación. In M. Tsvietáieva, *El poeta y el tiempo* (pp. 8-9, S. Ancira, Trad.). Barcelona: Anagrama.

Auroux, S. (1992). *A revolução tecnológica da gramatização* (E. Orlandi, Trad.). Campinas: Editora da Unicamp.

Auroux, S. (1996). *La philosophie du langage*. Paris: PUF.

Austin, J. L. (1998). Performativo – Constativo (P. Ottoni, Trad.). In P. Ottoni, *Visão performativa da linguagem* (pp. 111-144). Campinas: Editora da Unicamp. (Trabalho original de 1958)

Bandeira, M. (1982a). *Estrela da vida inteira* (9. ed.). Rio de Janeiro: José Olympio. (Trabalho original de 1965)

Bandeira, M. (1982b). Poema tirado de uma notícia de jornal. In M. Bandeira, *Estrela da vida inteira* (p. 117, 9. ed.). Rio de Janeiro: José Olympio. (Trabalho original de 1965)

Bandeira, M. (2012). A onda. In M. Bandeira, *Estrela da tarde* (3. ed.). São Paulo: Global. (Trabalho original de [1960]1963)

Barthes, R. (1987). A morte do autor. In R. Barthes, *O rumor da língua* (pp. 49-53, A. Gonçalves, Trad.). Lisboa: Edições 70. (Trabalho original de 1968)

Barthes, R. (1988). *O prazer do texto* (M. Barahona, Trad.). Lisboa: Edições 70. (Trabalho original de 1973)

Baudelaire, C. (1995). *O spleen de Paris* (L. T. da Motta, Trad.). Rio de Janeiro: Imago. (Trabalho original de 1869)

Beaujour, M. (1968). The game of poetics. *Yale French Studies*, (41), 58-67 (Game, Play, Literature).

Bernardini, A. F. (Org.). (1980). *O futurismo italiano: manifestos* (M. A. A. Vizotto *et al.*, Trad.). São Paulo: Perspectiva.

Bruns, G. L. (2001). *Modern poetry and the idea of language: a critical and historical study* (2. ed.). Champaign/London/Dublin: Dalkey Archive Press. (Trabalho original de 1974)

Benveniste, É. (1976). Os níveis da análise linguística. In É. Benveniste, *Problemas de linguística geral* (pp. 127-140; M. da G. Novak & L. Neri, Trad.). São Paulo: Nacional/Edusp. (Trabalho original de 1962)

Bradford, R. (2005). *Roman Jakobson: life, language, art*. London/ New York: Routledge. (Trabalho original de 1994)

Bravo, F. (2011). *Anagrammes: sur une hypothèse de Ferdinand de Saussure*. Limoges: Lambert-Lucas.

Brisset, J.-P. (2001). *Les origines humaines*. Lyon: Rroz. (Trabalho original de 1913)

Bronner, Y. (2007). This is no lotus, it is a face: poetics as grammar in Daṇḍin's investigation of the simile. In: S. La Porta & D. Shulman (Orgs.), *The poetics of grammar and the metaphysics of sound and sign* (pp. 91-108). Leiden/Boston: Brill.

Canetti, E. (1987). *A língua absolvida: história de uma juventude* (K. Jahn, Trad.). São Paulo: Companhia das Letras. (Trabalho original de 1977)

Celan, P. (2002). *Le Méridien et autres proses* (J. Launay, Trad.). Paris: Seuil.

Cerquiglini, B. (2020). *La naissance du français* (5. ed.). Paris: PUF. (Trabalho original de 1993)

Chesterton, G. K. (2009). *Orthodoxy: the romance of faith*. Chicago: The Moody Publishers. (Trabalho original de 1908)

Chomsky, N. (1978). *Aspectos da teoria da sintaxe* (2. ed.; J. A. Meireles & E. Paiva Raposo, Trad.). Coimbra: Arménio Amado. (Trabalho original de 1965)

Chomsky, N. (1980). *Reflexões sobre a linguagem* (C. Vogt *et al.*, Trad.). São Paulo: Cultrix. (Trabalho original de 1975)

Chomsky, N. (1999). *O programa minimalista* (E. P. Raposo, Trad.). Lisboa: Caminho. (Trabalho original de 1995)

Chomsky, N. (2005). *Novos horizontes no estudo da linguagem e da mente* (M. A. Sant'Anna, Trad.). São Paulo: Editora Unesp. (Trabalho original de 2000)

148 REFERÊNCIAS

Cohen, L. (1992). Anthem. In *The future (CD)*. New York: Columbia Records.

Cook, B. F. (1987). *Greek inscriptions*. London: British Museum Press.

Cordemoy, G. de (1970). *Discours physique de la parole*. Facsímile da edição de 1704. Paris: Le Graphe. (Trabalho original de 1668)

Cowell, H. (1982). Three Irish legends. In *Piano music* (vol. 2). New York: Associated Music Publishers. (Trabalho original de 1920)

Darwin, C. (2005). *The autobiography of Charles Darwin*. New York: WW Norton. (Trabalho original de 1969)

Defize, T. (1988). Comment confondre les jensenistes? *Histoire, Epistémologie, Langage*, 10(1), 43-58.

Deleuze, G. & Guattari, F. (1977). *Kafka: por uma literatura menor* (J. C. Guimarães, Trad.). Rio de Janeiro: Imago. (Trabalho original de 1975)

Dominicy, M. (1991). Sur l'épistémologie de la poétique. *Histoire, Epistémologie, Langage*, 13(1), 151-174.

Dufour, D.-R. (1999). *Lacan e o espelho sofiânico de Boehme* (P. Abreu, Trad.). Rio de janeiro: Cia. de Freud. (Trabalho original de 1998)

Eliot, T. S. (1962). A tradição e o talento individual. In T. S. Eliot, *Ensaios de doutrina crítica* (pp. 18-35; J. Monteiro-Grillo, Prefácio, seleção e notas; J. Monteiro-Grillo & F. Mello Moser, Trad.). Lisboa: Guimarães Editores. (Trabalho original de 1919)

Fehr, J. (1996). Saussure: cours, publications, manuscrits, lettres et documents. *Histoire, Epistémologie, Langage*, 18(2), 179-199.

Foucault, M. (1986). *Sept propos sur le septième ange*. Montpellier: Fata Morgana. (Trabalho original de 1970)

Foucault, M. (1992). *O que é um autor?* (A. F. Cascais & E. Cordeiro, Trad.). Lisboa: Vega. (Trabalho original de 1969)

Foucault, M. (1999). *Raymond Roussell* (M. B. da Motta & V. L. A. Ribeiro, Trad.). Rio de Janeiro: Forense Universitária. (Trabalho original de 1963)

Frege, G. (2009). Sobre o sentido e a referência. In G. Frege, *Lógica e filosofia da linguagem* (pp. 129-158; P. Alcoforado, Trad.; 2. ed.). São Paulo: Edusp. (Trabalho original de 1892)

Freud, S. (2015a). O poeta e o fantasiar. In S. Freud, *Arte, literatura e os artistas* (pp. 53-66; E. Chaves, Trad.). Belo Horizonte: Autêntica. (Obras incompletas de Sigmund Freud) (Trabalho original de [1907]1908)

Freud, S. (2015b). Uma lembrança de infância de Leonardo da Vinci. In S. Freud, *Arte, literatura e os artistas* (pp. 69-166; E. Chaves, Trad.). Belo Horizonte: Autêntica. (Obras incompletas de Sigmund Freud) (Trabalho original de 1910)

Freud, S. (2016). Três ensaios sobre a teoria da sexualidade. In: S. Freud, *Obras completas* (Vol. 6: *Três ensaios sobre a teoria da sexualidade, análise fragmentária de uma histeria [O caso Dora] e outros textos*; pp. 13-172; P. C. de Souza, Trad.). São Paulo: Companhia das Letras. (Trabalho original de 1905)

Freud, S. (2021). *O incômodo* (P. S. de Souza Jr., Trad.). *São Paulo*: Blucher. ("Pequena biblioteca invulgar") (Trabalho original de 1919)

Gadet, F., & Pêcheux, M. (2004). *A língua inatingível* (B. Mariani & M. E. Chaves de Mello, Trad.). Campinas: Pontes. (Trabalho original de 1981)

García Lorca, F. (1997). *Obras completas* (Vol. 3). Barcelona: Círculo de Lectores/Galaxia Gutenberg.

150 REFERÊNCIAS

Görner, R. (2006). Ein Nachwort zu Novalis' Gedichten. In: Novalis, *Hymnen an die Nacht*. Köln: Anaconda.

Halliday, M. (1989). Functions of language. In M. A. K. Halliday & R. Hasan, *Language, context and text: aspects of language in a social-semiotic perspective*. Oxford: Oxford University Press. (Trabalho original de 1985)

Hebbel, F. (1905). *Tagebücher* (Vol. 2: *1840-1844*; R. M. Werner, Org.). Berlin: Behr. (Trabalho original de 1841)

Heller-Roazen, D. (2010). *Ecolalias: sobre o esquecimento das línguas* (F. A. Durão, Trad.). Campinas: Editora da Unicamp. (Trabalho original de 2005)

Hjelmslev, L. (1991). A estratificação da linguagem. In L. Hjelmslev, *Ensaios linguísticos* (pp. 47-79; A. P. Danesi, Trad.). São Paulo: Perspectiva. (Trabalho original de 1954)

Heidegger, M. (1985). Die Sprache. In *Gesamtausgabe* (Vol. 12: *Unterwegs zur Sprache*; pp. 7-30). Frankfurt am Main: Klostermann. (Trabalho original de 1950)

Hölderlin, F. (1953). Andenken. In *Sämtliche Werke* (Vol. 2: *Gedichte nach 1800*; pp. 195-198). Stuttgart: Cotta. (Trabalho original de 1803)

Hugo, V. (1857). Pan. In V. Hugo, *Œuvres complètes: poésie* (Vol 3: *Les Feuilles d'automne – Les chants du crépuscule*, pp. 197-200). Paris: Hetzel. (Trabalho original de 1831)

Hugo, V. (1864a). Préface. In V. Hugo, *Œuvres complètes: poésie* (Vol. 1: *Odes et ballades, I*; pp. V-IX). Paris: Hetzel. (Trabalho original de 1822)

Hugo, V. (1864b). Les rayons et les ombres. In V. Hugo, *Œuvres complètes: poésie* (Vol. 4; pp. 199-430). Paris: Hetzel. (Trabalho original de 1840)

O FLUXO E A CESURA 151

Jakobson, R. (1973a). Fragments de *La nouvelle poésie russe*. Esquisse première: Vélimir Khlebnivov (pp. 11-24; T. Todorov, Trad.). In R. Jakobson, *Questions de poétique*. Paris: Seuil. (Trabalho original de 1919)

Jakobson, R. (1973b). La première lettre de Ferdinand de Saussure à Antoine Meillet sur les anagrammes. In R. Jakobson, *Questions de poétique* (pp. 190-201). Paris: Seuil. (Trabalho original de 1971)

Jakobson, R. (1977). *Seis lições sobre o som e o sentido* (L. M. Cintra, Trad.). Lisboa: Moraes. (Trabalho original de 1942-1943)

Jakobson, R. (1983). O dominante (J. Wanderley, Trad.). In L. C. Lima (Org.), *Teoria da literatura em suas fontes* (Vol. 1; pp. 485-491; 2. ed.). Rio de Janeiro: F. Alves. (Trabalho original de 1935)

Jakobson, R. (2004a). Poesia da gramática e gramática da poesia (C. T. G. de Lemos, Trad.). In R. Jakobson, *Linguística. Poética. Cinema* (pp. 65-80; 2. ed.). São Paulo: Perspectiva. (Trabalho original de 1961)

Jakobson, R. (2004b). A linguística em suas relações com outras ciências (J. Guinsburg, Trad.). In R. Jakobson, *Linguística. Poética. Cinema* (pp. 11-64; 2. ed.). São Paulo: Perspectiva. (Trabalho original de 1967)

Jakobson, R. (2004c). Os oxímoros dialéticos de Fernando Pessoa (H. de Campos & F. Achcar, Trad.). In R. Jakobson, *Linguística. Poética. Cinema* (pp. 93-118; 2. ed.). São Paulo: Perspectiva. (Trabalho original de 1968)

Jakobson, R. (2004d). Configuração verbal subliminar em poesia (C. T. G. de Lemos, Trad.). In R. Jakobson, *Linguística. Poética. Cinema* (pp. 81-92; 2. ed.). São Paulo: Perspectiva. (Trabalho original de 1970)

152 REFERÊNCIAS

Jakobson, R. (2008). Linguística e poética. In: R. Jakobson, *Linguística e comunicação* (pp. 118-162; I. Blikstein & J. P. Paes, Trad.; 21. ed.). São Paulo: Cultrix. (Trabalho original de 1960)

Jakobson, R. & Jones, L. G. (1990). A arte verbal de Shakespeare em *Th'expence of spirit* (N. Lisivchenko, Trad.). In R. Jakobson, *Poética em ação* (pp. 109-126; J. A. Barbosa, Org.). São Paulo: Perspectiva. (Trabalho original de 1968)

Toman, J. (1995). *The magic of a common language: Jakobson, Mathesius, Trubetzkoy, and the Prague Linguistic Circle*. Cambridge, MA: MIT Press.

Jullien, F. (2003). *La valeur allusive*. Paris: PUF.

Kasparov, B. (1987). The ideological principles of Prague School phonology (A. Wachtel, Trad.). In K. Pomorska (Org.), *Language, poetry and poetics: the generation of 1890s: Jakobson, Trubetzkoy, Majakovskij* (pp. 49-78). Berlin: Mouton de Gruyter. (Trabalho original de 1984)

Kloepfer, R. (1984). *Poética e linguística* (M. J. Herhuth, Trad.). Coimbra: Livraria Almedina. (Trabalho original de 1975)

Lacan, J. (1929). Carta a Ferdinand Alquié, 6 ago. 1929 (P. S. de Souza Jr., Trad.). In *Escritos avulsos*. Recuperado de https://escritosavulsos.com/1929/08/06/carta-alquie-3/.

Lacan, J. (1964-1965). *Le séminaire* (Livre XII: *Problèmes cruciaux pour la psychanalyse*). Inédito.

Lacan, J. (1967-1968). *Le séminaire* (Livre XV: *L'acte analytique*). Inédito.

Lacan, J. (1973-1974). *Le séminaire* (Livre XXI: *Les non-dupes errent*). Inédito.

Lacan, J. (1974-1975). *Le séminaire* (Livre XXII: *R.S.I.*). Inédito.

O FLUXO E A CESURA 153

Lacan, J. (1975a). Conférence de presse du docteur Jacques Lacan au Centre culturel français, Rome. *Lettres de l'École freudienne*, (16), 6-26. (Trabalho original de 1974)

Lacan, J. (1975b). Conférences et entretiens dans des universités nord-américaines. *Scilicet*, (6/7), 32-37.

Lacan, J. (1976-1977). *Le séminaire* (Livre XXIV: *L'insu que sait de l'unebévue s'aile à mourre*). Inédito.

Lacan, J. (1979). Vers un signifiant nouveau. *Ornicar?*, (17/18). (*Le séminaire – Vers un signifiant nouveau*)

Lacan, J. (1985a). *O seminário* (Livro 2: *O eu na teoria de Freud e na técnica da psicanálise*; M. C. Penot & A. L. de Andrade, Trad.). Rio de Janeiro: Zahar. (Trabalho original de 1954-1955)

Lacan, J. (1985b). Conférence à Genève sur le symptôme. *Le bloc--notes de la psychanalyse*, (5). (Trabalho original de 1975)

Lacan, J. (1986). *O seminário* (Livro 1: *Os escritos técnicos de Freud*; B. Milan, Trad.). Rio de Janeiro: Zahar. (Trabalho original de 1953-1954)

Lacan, J. (1992). *O seminário* (Livro 17: *O avesso da psicanálise*; A. Roitman, Trad.). Rio de Janeiro: Zahar. (Trabalho original de 1969-1970)

Lacan, J. (1998a). Situação da psicanálise e formação do psicanalista em 1956. In J. Lacan, *Escritos* (pp. 461-495; V. Ribeiro, Trad.). Rio de Janeiro: Zahar. (Trabalho original de 1956)

Lacan, J. (1998b). A instância da letra no inconsciente – ou a razão desde Freud. In J. Lacan, *Escritos* (pp. 496-533; V. Ribeiro, Trad.). Rio de Janeiro: Zahar. (Trabalho original de 1957)

154 REFERÊNCIAS

Lacan, J. (1998c). *O seminário* (Livro 11: *Os quatro conceitos fundamentais da psicanálise*; 2. ed.; M. D. Magno, Trad.). Rio de Janeiro: Zahar. (Trabalho original de 1964)

Lacan, J. (1998d). *A ciência e a verdade*. In J. Lacan, *Escritos* (pp. 869-892; V. Ribeiro, Trad.). Rio de Janeiro: Zahar. (Trabalho original de 1965)

Lacan, J. (1998e). *Abertura desta coletânea*. In J. Lacan, *Escritos* (pp. 9-11; V. Ribeiro, Trad.). Rio de Janeiro: Zahar. (Trabalho original de 1966)

Lacan, J. (1999). *O seminário* (Livro 5: *As formações do inconsciente*; V. Ribeiro, Trad.). Rio de Janeiro: Zahar. (Trabalho original de 1957-1958)

Lacan, J. (2003). *O aturdito*. In J. Lacan, *Outros escritos* (pp. 448-497; V. Ribeiro, Trad.). Rio de Janeiro: Zahar. (Trabalho original de 1972)

Lacan, J. (2005). *O seminário* (Livro 10: *A angústia*; V. Ribeiro, Trad.). Rio de Janeiro: Zahar. (Trabalho original de 1962-1963)

Lacan, J. (2007). *O seminário* (Livro 23: *O sinthoma*; S. Laia, Trad.). Rio de Janeiro: Zahar. (Trabalho original de 1975-1976)

Lacan, J. (2008a). *O seminário* (Livro 3: *As psicoses*; 2. ed.; A. Menezes, Trad.). Rio de Janeiro: Zahar. (Trabalho original de 1955-1956)

Lacan, J. (2008b). *O seminário* (Livro 16: *De um Outro ao outro*; V. Ribeiro, Trad.). Rio de Janeiro: Zahar. (Trabalho original de 1968-1969)

Lacan, J. (2008c). *O seminário* (Livro 20: *Mais, ainda*; 3. ed.; M. D. Magno, Trad.). Rio de Janeiro: Zahar. (Trabalho original de 1972-1973)

Lacan, J. (2008d). *O mito individual do neurótico* (C. Berliner, Trad.). Rio de Janeiro: Zahar. (Trabalho original de 1978)

Lacan, J. (2009). *O seminário* (Livro 18: *De um discurso que não fosse semblante*; V. Ribeiro, Trad.). Rio de Janeiro: Zahar. (Trabalho original de 1971)

Lacan, J. (2016). *O seminário* (Livro 6: *O desejo e sua interpretação*; C. Berliner, Trad.). Rio de Janeiro: Zahar. (Trabalho original de 1958-1959)

Leclaire, S. (2001). O que acontece numa relação analítica. In S. Leclaire, *Escritos clínicos* (pp. 75-83; L. Magalhães, Trad.). Rio de Janeiro: Zahar. (Trabalho original de 1998)

Le Gaufey, G. (2018). *A incompletude do simbólico: de René Descartes a Jacques Lacan* (P. S. de Souza Jr., Trad.). Campinas: Editora da Unicamp. (Trabalho original de 1996)

Leite, N. V. de A., & Souza Jr., P. S. de (2021). Corpo e língua materna. In D. Teperman, T. Garrafa & V. Iaconelli (Orgs.), *Psicanálise e parentalidade* (vol. 4: *Corpo*, pp. 39-52). Belo Horizonte/São Paulo: Autêntica/Revista Cult.

Lemos, C. T. G. (1995). Processos metafóricos e metonímicos: seu estatuto descritivo e explicativo na aquisição da língua materna. Trabalho apresentado na *The Trento Lectures Workshop on Metaphor and Analogy*, Istituto per la Ricerca Scientifica e Tecnologica, Povo.

Lemos, C. T. G. (2000). Questioning the notion of development: the case of language acquisition. *Culture & Psychology*, 6(2), 169-182.

Lemos, C. T. G. (2006). Sobre o paralelismo, sua extensão e a diversidade de seus efeitos. In F. Lier-De Vitto & L. Arantes (Orgs.), *Aquisição, patologias e clínica de linguagem* (pp. 97-107). São Paulo: Educ. (Trabalho original de 2000)

156 REFERÊNCIAS

Lemos, C. T. G. (2009). Poética e significante. *Letras & Letras*, *25*(1), 207-218.

Lemos, C. T. G. (2010). Um novo amor ou a distância entre a Linguística e a linguisteria. *Revista literal*, (13), 47-58. (Trabalho original de 2009)

Lieberman, M. (1969). The new linguistics and the new poetics. *College English*, *30*(7), 527-533.

Liu, Y. (2006). *Henri Michaux et la Chine*. Paris: Le Manuscrit.

Macherey, P. (1999). Apresentação. In M. Foucault, *Raymond Roussell* (M. B. da Motta & V. L. A. Ribeiro, Trad.). Rio de Janeiro: Forense Universitária. (Trabalho original de 1963)

Maleval, J.-C. (2017). *O autista e a sua voz* (P. S. Souza Jr., Trad.). São Paulo: Blucher. (Trabalho original de 2009)

Mallarmé, S. (1945). Variations sur un sujet (pp. 353-420). In S. Mallarmé, *Œuvres complètes*. Paris: Gallimard. (Trabalho original de 1895-1896)

Maiakóvski, V. | Маяковский, В. (1957). Сергею Есенину. In В. Маяковский, *Полное собрание сочинений* (vol. 7, pp. 100-105). Москва: Гос. изд-во худож. лит. (Trabalho original de 1926)

Maiakóvski, V. (2006a). A flauta-vértebra: Prólogo. In V. Maiakóvski, *Poemas* (p. 73; B. Schnaiderman, A. de Campos & H. de Campos, Trad.; 7. ed.). São Paulo: Perspectiva. (Trabalho original de 1915)

Maiakóvski, V. (2006b). A Sierguéi Iessiênin. In V. Maiakóvski, *Poemas* (pp. 109-114; B. Schnaiderman, A. de Campos & H. de Campos, Trad.; 7. ed.). São Paulo: Perspectiva. (Trabalho original de 1926)

Marinetti, F. T. (1914). *Zang Tumb Tumb*. Milano: Edizioni Futuriste di Poesia.

Meschonnic, H. (1985). *Les états de la poétique*. Paris: PUF.

Milano, L. (2018). Saussure e o aspecto fônico da língua. *DELTA: Documentação de Estudos em Linguística Teórica e Aplicada*, 34(3), 891-908.

Miller, J.-A. (1988). Jacques Lacan et la voix. In R. Lew, & F. Sauvagnat (Orgs.), *La voix: actes du Colloque d'Ivry*. Paris: La Lysimaque.

Milner, J.-C. (1973). *Arguments linguistiques*. Paris: Maison Mame.

Milner, J.-C. (1977). Entretien sur *L'Amour de la langue*. *Action poétique*, (72), 88-98.

Milner, J.-C. (1978). Le bonheur par la symétrie. *Cistre: cahiers de critique littéraire et de sciences humaines*, n. 5 [Jakobson]. Lausanne: L'Âge d'Homme, pp. 53-58.

Milner, J.-C. (1989). *Introduction à une science du langage*. Paris: Seuil.

Milner, J.-C. (2000). De la linguistique à la linguisterie. In J. Aubert *et al.*, *Lacan, l'écrit, l'image* (pp. 7-25). Paris: Flammarion. (Trabalho original de 1998-1999)

Milner, J.-C. (2010). Linguística e psicanálise (P. S. Souza Jr., Trad.). *Revista de estudos lacanianos*, 3(4), 177-191. (Trabalho original de 1992)

Milner, J.-C. (2012). *O amor da língua* (P. S. Souza Jr., Trad.). Campinas: Editora da Unicamp. (Trabalho original de 1978)

Montaigne, M. de (2000). Da experiência. In M. de Montaigne, *Os ensaios* (vol. 3; R. C. Abílio, Trad). São Paulo: Martins Fontes. (Trabalho original de 1595)

Nancy, J.-L., & Lacoue-Labarthe, P. (1991). *O título da letra* (S. J. de Almeida, Trad.). São Paulo: Escuta. (Trabalho original de 1973)

158 REFERÊNCIAS

Parret, H. (1994). Les manuscrits saussuriens de Harvard. *Cahiers de Ferdinand de Saussure*, (47), pp. 179-234. (Trabalho original de 1993)

Parret, H. (2011). Les grandeurs négatives: de Kant à Saussure. *Nouveaux actes sémiotiques*, (114). *https://doi.org/10.25965/as.2588*.

Pasternak, B. (2012). Vento (A. Bernardini, Trad.). *Kalinka*. (Trabalho original de 1953)

Paz, O. (2000). *Chuang-Tzu*. Madrid: Siruela. (Trabalho original de 1997)

Perloff, M. (1993). *O momento futurista: avant-garde, avant-guerre e a linguagem da ruptura* (S. U. Leite, Trad.). São Paulo: Edusp. (Trabalho original de 1986)

Pessoa, F. (1992). Sim, sou eu, eu mesmo... In F. Pessoa, *Poesias de Álvaro de Campos* (pp. 44-45). São Paulo: FTD. (Trabalho original de 1931)

Pessoa, F. (1996). *Páginas íntimas e de auto-interpretação* (G. R. Lind & J. P. Coelho, Estabelecimento e Prefácio). Lisboa: Ática. (Trabalho original de 1930)

Platão (1986). *Protágoras* (E. M. Teixeira, Trad.). Fortaleza: Editora UFC. (Trabalho original de 380 a.C.)

Proust, M. (1990). *Le temps retrouvé*. Paris: Folio/Gallimard. (Trabalho original de 1927)

Ruiz, A. (1984). *Pelos pêlos*. São Paulo: Brasiliense.

Safouan, M. (1987). *O inconsciente e seu escriba* (R. Steffen, Trad.). Campinas, Papirus. (Trabalho original de 1982)

Sauret, M.-J. (1998). *O infantil e a estrutura* (S. Sobreira, Trad.). São Paulo: EBP.

Saussure, F. de (1964a). Lettres de Ferdinand de Saussure à Antoine Meillet, publiées par É. Benveniste – 4 janvier [1894]. *Cahiers Ferdinand de Saussure* (vol. 21, pp. 93-96). Genève: Librairie Droz. (Trabalho original de 1894)

Saussure, F. de (1964b). Lettres de Ferdinand de Saussure à Antoine Meillet, publiées par Émile Benveniste – 8 janvier 1908. *Cahiers Ferdinand de Saussure* (vol. 21, pp. 117-119). Genève: Librairie Droz. (Trabalho original de 1908)

Saussure, F. de (1972). *Curso de linguística geral* (A. Sechehaye & Ch. Bally, Org.; A. Chelini, J. P. Paes & I. Blikstein, Trad.; 4. ed.). São Paulo: Cultrix. (Trabalho original de 1916)

Saussure, F. de (2012). *Escritos de linguística geral* (S. Bouquet & R. Engler, Ed.; C. A. Leuba Salum & A. L. Franco, Trad.). São Paulo: Cultrix. (Trabalho original de 2002)

Saussure, F. de (2013). *Anagrammes homériques* (P.-Y Testenoire, Org.). Limoges: Lambert-Lucas.

Schnaiderman, B. (2004). Uma visão dialética e radical da literatura. In R. Jakobson, *Linguística. Poética. Cinema* (pp. 175-181). São Paulo: Perspectiva. (Trabalho original de 1970)

Schwitters, K. (Org.) (2013). *Contos Mércio* (M. A. Barbosa, Trad.). Florianópolis: EdUFSC.

Shulman, D. (2007). How to bring a goddess into being through visible sound. In La Porta, S. & Shulman, D. (Orgs.), *The poetics of grammar and the metaphysics of sound and sign* (pp. 306-341). Leiden/Boston: Brill.

Souza, M. de O. (2017). *Os anagramas de Saussure: entre a poesia e a teoria.* Uberlândia: EdUFU.

Souza Jr., P. S. de (2008a). "Irreprimível e irrecuperável": Freud, por-vir e o verso de Marina Tsvietáieva. In N. V. Araújo Leite &

F. Trocoli (Orgs.), *Um retorno a Freud* (pp. 249-258). Campinas: Mercado de Letras.

Souza Jr., P. S. de (2008b). Traduzir e autorizar: como errar pelo significante. *Tradução & comunicação*, (17), 185-193.

Souza Jr., P. S. de (2009). O todo do não-todo: a língua como artifício do ocaso. In N. V. Araújo Leite & A. Vorcaro (Orgs.), *Giros da transmissão em psicanálise* (pp. 87-96). Campinas: Mercado de Letras.

Souza Jr., P. S. de (2012). Que não fosse do semblante: do genitivo da fala rumo aos limites do escrito. In N. V. Araújo Leite, J. Milán-Ramos & M. R. Salzano Moraes (Orgs.), *De um discurso sem palavras* (pp. 83-92). Campinas: Mercado de Letras.

Souza Jr., P. S. de (2014, jul./dez.). Miragens perimetrais: sobre o erro como limite. *Ágora: estudos em teoria psicanalítica*, *17*(2), 271-284.

Souza Jr., P. S. de (2019, mai./ago.). O sexual no corpo da língua. *Gragoatá*, *24*(49), 536-549.

Souza Jr., P. S. de (2021). A tradução, avesso da relutância: Freud, Saussure, Lacan e assim por diante. *Cadernos de Estudos Linguísticos*, *63*, e021029

Souza Jr., P. S. de (no prelo). A massa falante: palavra e corpo social. In B. Fuks (Org.), *100 anos de Psicologia das massas e análise do eu*. Rio de Janeiro: Contracapa. (Trabalho original de 2022)

Souza Jr., P. S. de, & Morais, M. M. (2007). Esperanto-modelo: o que Zamenhof quis da língua. *Língua, literatura e ensino, 2*.

Stănescu, N. (1968). *Laus Ptolemaei*. București: Tineretului.

Starobinski, J. (1974). *As palavras sob as palavras: os anagramas de Ferdinand de Saussure* (C. Vogt, Trad.). São Paulo: Perspectiva. (Trabalho original de 1971)

Testenoire, P.-Y. (2013). *Ferdinand de Saussure à la recherche des anagrammes*. Limoges: Lambert-Lucas.

Trúbetskoi, N. | Trubetzkoy, N. (1958). *Grundzüge der Phonologie*. Göttingen: Vandenhoeck & Ruprecht. (Trabalho original de 1939)

Tsvietáieva, M. (2017a). O poeta e a crítica. In: M. Tsvietáieva, *O poeta e o tempo* (pp. 15-75; A. F. Bernardini, Trad.). Belo Horizonte: *Âyné*, 2017. (Trabalho original de 1926)

Tsvietáieva, M. (2017b). A arte à luz da consciência. In M. Tsvietáieva, *O poeta e o tempo* (pp. 123-197; A. F. Bernardini, Trad.). Belo Horizonte: *Âyné*. (Trabalho original de 1932)

Ungaretti, G. (1962). *L'allegria [Il Porto Sepolto]* (6. ed.). Milano: Mondadori. (Trabalho original de 1916)

Valéry, P. (1971). *Tel quel* (vol. 2). Paris: Gallimard. (Trabalho original de 1943)

Vives, J.-M. (2012). Se um discurso pode ser sem fala/palavras, ele pode ser sem voz? (P. S. Souza Jr., Trad.). In N. V. A. Leite, J. G. Milán-Ramos & M. R. S. Moraes (Orgs.), *De um discurso sem palavras* (pp. 43-64). Campinas: Mercado de Letras.

Wolfson, L. (1970). *Le schizo et les langues*. Paris: Gallimard.

Zumthor, P. (2005). *Escritura e nomadismo: entrevistas e ensaios* (J. P. Ferreira & S. Queiroz, Trad.). Cotia: Ateliê Editorial. (Trabalho original de 1990)

Ilustrações

Figura 1.1　　Funcionamento estrático da língua, 52

Figura 1.2　　Funcionamento interestrático da fala, 53

Figura 1.3　　Funcionamento estrático da língua e funcionamento interestrático da fala, 58

Figura 1.4　　Signo linguístico – F. de Saussure, *Curso de linguística geral*, 60

Figura 1.5　　Releitura do signo/algoritmo saussuriano – J. Lacan, *Escritos*, 60

Figura 1.6　　Funcionamento a-estrutural de lalíngua, 62

Figura 1.7　　Fala, lalíngua e equívoco, 63

Figura 1.8　　Língua entre fala e fala, 66

Figura 2.1　　Funções da linguagem – R. Jakobson, "Linguística e poética", 76

Figura 2.2　　Elementos predominantes – R. Jakobson, "Linguística e poética", 76

164 ILUSTRAÇÕES

Figura 2.3 Cabeçalho de folheto-manifesto (1915) – Direção do Movimento Futurista, 100

Figura 2.4 Funcionamento inestrático da poesia e sua diferença em relação ao equívoco, 112

Figura 3.1 Plano das ideias e plano dos sons – F. de Saussure, *Curso de linguística geral*, 131

Figura 3.2 Excerto de inscrição jônica; sentido da escrita bustrofédica, 139

Índice onomástico

Agamben, Giorgio, 43, 89, 106-107, 112, 118, 131, 138
Alighieri, Dante, 17, 22, 114
Allan Poe, Edgar, 77
Auroux, Sylvain, 137
Austin, John Langshaw, 18
Bally, Charles, 43
Bandeira, Manuel, 101, 115
Barthes, Roland, 67, 93
Baudelaire, Charles, 125
Beaujour, Michel, 106
Benveniste, Émile, 19, 29, 31-32, 141
Bloomfield, Leonard, 49
Boehme, Jacob, 54
Bradford, Richard, 55, 78, 80, 134, 136, 138
Brik, Ôssip | Брик, Осип, 74, 106
Brisset, Jean-Pierre, 13, 85-87, 89, 115
Britton, James, 76
Bronner, Yigal, 102

166 ÍNDICE ONOMÁSTICO

Bruns, Gerald, 93
Bühler, Karl, 76
Celan, Paul, 107
Cerquiglini, Bernard, 30
Chesterton, G. K., 103
Chomsky, Noam, 30-31, 49-50, 123
Cohen, Leonard, 27
Cordemoy, Géraud de, 123
Courtenay, Baudouin de, 75
Darwin, Charles, 73
Deleuze, Gilles, 113
Dominicy, Marc, 92
Eliot, T. S., 93
Fehr, Johannes, 42, 44, 46
Foucault, Michel, 13, 45, 85-88, 114-116, 131, 133
Frege, Gottlob, 89
Freud, Sigmund, 36, 68, 98-99, 108, 117-118, 126-127
Gadet, Françoise, 27, 35, 43, 48, 67-68, 84, 91, 103, 140
García Lorca, Federico, 125
Guattari, Félix, 113
Harris, Zellig, 49
Hebbel, Friedrich, 117
Heidegger, Martin, 137
Heller-Roazen, Daniel, 30
Hjelmslev, Louis, 52
Hölderlin, Friedrich, 136
Hopkins, Gerard Manley, 81
Hugo, Victor, 124, 141
Iessiênin, Serguêi | Есенин, Сергей, 132

Jakobson, Roman, 12-13, 21, 42-43, 47-49, 67, 69, 73-83, 87-92, 98-99, 105-106, 108, 117, 135-136, 138

Kafka, Franz, 113

Khliêbnikov, Vielimír | Хлебников, Велимир, 74, 80

Kloepfer, Rolk, 101

Koyré, Alexandre, 54

Lacan, Jacques, 12-13, 19-21, 30, 33, 35-36, 41, 45, 50-52, 54, 57, 59-62, 64, 66-68, 82, 84, 86, 88-89, 91-92, 94-96, 99, 108-114, 116-118, 124-129, 134-135, 138

Lacoue-Labarthe, Philippe, 60, 65, 135

Lǎo Zǐ | 老子, 141

Leclaire, Serge, 138

Lemos, Claudia Th. Guimarães de, 61-62, 75, 81, 89

Lieberman, Marcia, 102

Macherey, Pierre, 133

Maiakóvski, Vladímir | Маяковский, Владимир, 74, 114, 132

Maleval, Jean-Claude, 95

Malinowski, Bronisław, 76

Mallarmé, Stéphane, 97, 104, 107

Marinetti, Filippo Tommaso, 93, 100

Martinet, André, 30

McCaffery, Steve, 100

Meillet, Antoine, 47, 67

Meschonnic, Henri, 83, 105

Miller, Jacques-Allain, 95

Milner, Jean-Claude, 12, 20-21, 28, 31-34, 45, 49-50, 53, 56, 61-63, 66, 69, 82, 88-91, 98, 103, 105, 112, 131, 136, 139, 141

Montaigne, Michel de, 18

Morris, Desmond, 76

Mukařovský, Jan, 77

Nancy, Jean-Luc, 60, 65, 135

Novalis, 95

Pāṇini | पाणिनि , 59

Pascoli, Giovanni, 47, 80

Pasternak, Boris | Пастернак, Борис, 98

Pêcheux, Michel, 27, 35, 43, 48, 67-68, 84, 91, 103, 140

Perloff, Marjorie, 88

Pessoa, Fernando, 77, 80, 87, 93

Platão, 89, 100, 101

Proust, Marcel, 93

Queneau, Raymond, 103

Roussell, Raymond, 131

Ruiz, Alice, 141

Sade, Donatien Alphonse François (Marquês) de, 67

Sapir, Edward, 49

Sauret, Marie-Jean, 110-111

Saussure, Ferdinand de, 12, 17-19, 21, 31, 34, 35-36, 41-50, 52-53, 55-61, 65-68, 73, 79-80, 83-84, 89, 91, 99, 102, 104, 107, 130, 132, 139, 140

Schnaiderman, Boris, 75

Schwitters, Kurt, 100

Sechehaye, Albert, 43

Shakespeare, William, 77

Shulman, David, 59, 105, 124-125

Soler, Colette, 61, 62

Stănescu, Nichita, 5

Starobinski, Jean, 18, 47-49, 55, 57, 59, 67-68, 79, 99, 102

Sū, Xún | 蘇洵, 130

Toman, Jindřich, 73-74

Trediakóvski, Vassíli | Тредиаковский, Василий, 91

Trúbetskoi, Nikolai | Трубецкой, Николай, 89-91

Tsvietáieva, Marina | Цветаева, Марина, 34, 97, 102, 117, 133, 142

Ungaretti, Giuseppe, 143-144
Valéry, Paul, 106
Vives, Jean-Michel, 94-95
Wolf, Friedrich August, 43
Wolfson, Louis, 137
Zamenhof, Ludwik Lejzer, 45
Zhuāng Zǐ | 莊子, 58
Zumthor, Paul, 94, 96-97, 100, 103-104, 116

Índice remissivo

A

afasia, 134

alteridade, 126, 128, 136-138

ambiguidade, 46, 54, 112, 127, 129

amor, 67, 104, 114, 125-126, 128
cortês, 126-128
da língua, 12, 21, 104
e separação, 126
e união, 126
narcísico, 127-128

anagrama, 43-48, 53-55, 57, 59, 67, 77, 79-80, 83

antinomia, 53, 89, 74, 140

arbitrariedade, 47-48, 52, 65, 97

arte, 73-74
ciência e, 92

como limitação, 103
de escrita, 92
e inconsciente, 99
obras de, 99
verbal, 74

ato, 99, 112, 117-118, 129, 131, 138
falho, 112, 127
poético, 99, 107
psicanalítico, 99
temporalidade do, 112

autismo, 94, 131

B

belo, 11, 102, 130

C

caligrafia, 95

canal/contato, 76, 79

172 ÍNDICE REMISSIVO

canto, 93-94

cessação

   ponto de, 21, 33, 57, 112, 132

cesura, 107, 112, 140

chiste, 28, 98, 113, 127

ciência, 50, 52, 90-91, 110-111, 140

   biológicas, 29, 50

   e arte, 92

   e poesia, 93, 97-98, 105, 140

   humanidades, 48

   linguística, 18-21, 35, 45, 48, 59, 68, 74, 123

   sujeito da, 92

clínica, 111, 113

   interpretação na, 20-21, 98-99, 117-118

código, 33, 36, 76, 79, 116, 131, 133-134, 137

comunicação, 32-33, 75, 79-80, 101, 106, 110-111, 114, 116, 126

   jogo da, 94

conceito, 60, 130, 134-135, 140

condensação, 108

consciência, 43, 48, 137, 142

contiguidade, 77, 135, 139

corpo, 13, 28-29, 56, 61, 67, 80, 85-87, 92, 94-98, 103, 112, 114-116, 126, 128, 135

anatomia, 29

aparelho fonador, 94, 116, 135

boca, 59, 87-88, 95, 116

cabeça, 113, 141

coletivo, 104

como caixa acústica, 116

da mãe, 67, 104

e lacuna, 126

e marca, 85-86, 107, 112

e poesia, 96-97

e vazio, 116

espinha dorsal, 115

evolução corpórea, 115

garganta, 94

genitália, 87-88

mão, 95, 117

maxilar, 136

órgãos, 103-104, 115

orifícios, 114-115

ouvido, 87, 97, 114

relação intercorporal, 104

útero, 86

corte, 36, 48, 50-52, 113, 133

criança, 62, 80-81

cubofuturismo russo, 75, 88

D

dança, 87, 101

desejo, 51, 126

deslocamento, 27, 109, 132

diacronia, 31, 43

O FLUXO E A CESURA 173

diferença, 33, 35, 45, 49-50, 53,
56-57, 61, 81, 83-84, 89-90,
99, 116, 132
e estratificação, 50
pura, 49, 53, 57, 61

discurso, 19, 29, 32, 41, 50, 61-62,
78, 85, 95, 100-101, 105, 107,
109, 112, 125, 128-129
e simulacro/semblante, 109
ordinário, 101, 138-139
partes do, 29, 32
prosaico, 137

discursos, 62, 97, 101, 107
dito, 36
dizer, 36, 86-87, 93-94, 96, 114,
116-117, 141
do Outro, 87, 96
endereçamento, 138
semi-, 113, 132
tudo, 123-124

dominante, 63

E

emissor, 78
enunciação, 94, 113, 131
enunciado, 35, 65, 85, 94
equívoco, 32, 62-65, 81, 84, 86,
90, 111-112, 140
erotismo, 116
alt-, 128

auto-, 128

escuta, 13, 36, 41, 80, 105, 116
analítica, 28

especularidade, 54, 137-138
esquecimento, 36, 98
estilo, 42, 132, 138
estratificação, 30-31, 49-50,
54-58, 84, 105, 108, 140
e metáfora, 108
funcionamento a-estrutural, 62
funcionamento estrático, 52,
54, 105, 108
funcionamento inestrático, 53
funcionamento interestrático,
52-53, 63, 65, 108
necessidade da, 32
níveis de análise, 29, 31, 48,
52, 105
ruína da, 33-35, 52-53, 56,
61, 64, 105, 108, 112

excitação, 68, 105, 115
extimidade, 128

F

fala, 20, 28, 41, 52-53, 55-59, 61-66,
81, 84, 86, 89-90, 92-94, 99,
101, 114, 124-126, 137-138
cotidiana, 101, 134
plena, 108, 110-111
vazia, 110-111

174 ÍNDICE REMISSIVO

falta, 20, 123, 131
  ao escrever, 112
  tamponamento da, 126
  tratamento da, 125

fluxo, 35, 51, 97, 109, 132, 140

fonema, 29, 55, 89-91

fonética, 46, 90-91

fonia, 53-54, 59, 63, 74, 83, 89-90, 104
  e materialidade, 86
  e repetição, 46-47, 59, 65, 86, 101
  homofonia, 85, 102
  jogo fônico, 79
  polifonia, 41, 62, 128

fonologia, 77, 81, 90-91

forma, 29, 34, 43, 51, 55-56, 59, 79, 83-84, 87, 89, 92, 102, 107, 125, 135-136, 140
  morte da, 135

formalismo, 78

fracionamento, 29, 31

frase, 18, 29, 85

função, 76, 83, 87
  poética, 75-80, 134
  propriamente significante, 135

funcionamento
  a-estrutural, 62
  estrático, 52, 54, 105, 108

inestrático, 53
interestrático, 52-53, 63, 65, 108

futurismo italiano, 100

G

gênio poético, 92

gesto, 86-87, 91
  sonoro, 86

gozo/usufruto
  acesso ao, 94
  perda de, 131
  vocal, 95

gramática, 74, 79-80, 82-83, 99, 104-105, 130, 136-137
  histórico-comparativa, 17, 91
  normativa, 136

H

hipograma, 55, 57

I

identidade, 52, 84, 89, 91, 112, 137

imagem acústica, 59-60, 90, 115, 130, 134

incômodo, 35-36

inconsciente, 20, 61, 89, 94, 96, 99, 118, 127
  formações do, 13, 99, 127
  sujeito do, 28

instância, 33, 61-62, 134

   poética, 20

insulto, 34, 65

J

jogo, 50, 105-106, 128

L

lalíngua, 13, 57, 61-63, 65, 83-86, 112, 128, 140

lapso, 28, 54, 64, 85, 98, 110, 112, 127

lei, 13, 42, 45, 48, 91, 102-103, 106, 113

letra, 22, 41, 64, 90-91, 96, 98, 107, 109, 118, 128, 136

   instância da, 96

   lituraterra, 109

   morta, 109

limite, 18-19, 27, 30-31, 45, 51, 55-57, 60, 62, 65, 67, 75, 77, 85, 95, 99-100, 103, 108, 112-113, 123-124, 129, 136, 139, 141

língua, 11-13, 18-21, 27-35, 42-43, 46-49, 52-58, 61-65, 73, 75, 78, 80, 82-89, 91, 94-96, 98-99, 102-104, 109-115, 124, 126-128, 130-141

   ameaça à, 11

   como ferramenta, 28, 33, 102

conhecimento sobre uma, 31

cotidiana, 20, 32, 127, 137

discrepância com o mundo, 35

discrepância consigo mesma, 35

diversidade, 44

e cristalização, 99, 127-128

e inconsciente, 89

e real, 122

estrangeira, 95, 137

materna, 13, 62, 67, 87, 104, 137

meia-, 124

morta, 30

retorno do mesmo na, 33, 65, 82, 84, 111, 133, 136, 138

unidades da, 85

linguagem, 11-13, 17-21, 27-33, 35-36, 43-44, 48-52, 55-56, 58-61, 64, 67-69, 75-82, 84-86, 88, 90-91, 93-94, 96-97, 99-100, 102-103, 107-108, 113, 115, 123-124, 126, 129, 131, 133-141

   abismo na, 133-134

   articulada, 29, 31

   campo da, 17

   coração da, 133

   cotidiana, 135

   e morte, 131

estratificação da, 31-34, 49, 52, 54-57, 63-64, 84, 105, 108, 112, 140

estudos da, 29, 44, 49, 90, 108

falha ontológica da, 133

funções da, 76, 78, 80

materialidade da, 27, 59, 86, 96, 135

o lugar da, 35

origem da, 44, 85, 134

outra face da, 11

poética, 49, 78, 138

ser de, 96

sinalética, 36

temporalidade da, 97

transmental, 88

unidade da, 31

linguista, 79, 91

objeto do, 30, 91

saber do, 98, 139

tarefa do, 30, 32, 69, 74

linguística, 12, 18-21, 28, 31, 34-35, 42-46, 48-49, 55-56, 58-59, 61, 64, 74-75, 78, 90-91, 98, 104, 118

como ciência, 18, 19-21, 35, 45, 48, 59

estruturalismo, 49, 55, 75, 83

histórica, 42

objeto da, 17, 19-20, 28-30, 32, 50, 59, 88, 91

real da, 140

lirismo, 94, 102

loucura, 11, 13, 35, 43, 46, 80, 104, 140

lugar da linguagem, 35, 98, 107

M

massa falante, 105

materialidade, 27, 59, 86, 96, 127, 130, 135

mensagem, 76, 79, 82, 96, 133

poética, 47, 136

metáfora, 21, 77, 85, 107-108, 111, 134, 140

e significante, 108

enxugamento da, 108

limites da, 108

metalinguagem, 13, 20, 76

metonímia, 21, 77, 111, 117, 134-135

métrica, 101, 106, 127

mitologia, 22, 47, 123-124

morfema, 29, 55

morfologia, 78-79

morte, 18, 30, 109, 125, 131, 135

e linguagem, 131

música, 54, 93-95, 101-102, 106

N

negatividade, 84

nome, 44, 47, 53-54, 107

O

objeto

    da ciência, 90

    da literatura, 93

    de satisfação, 36, 67, 125, 138

operador deôntico

    obrigatório, 133

    permitido, 59, 102

    proibido, 45-46, 85

operador modal

    contingente, 33, 64, 141

    impossível, 33, 45-46, 65, 109, 125, 127-128, 132, 141

    necessário, 33

    possível, 33, 64, 127

origem, 43-45, 47

    da escrita, 90

Outro, 62, 87, 96, 126, 130-131, 137-138

ouvir, 36

P

palavra, 13, 22, 29, 31-32, 47, 59, 80, 85-88, 93-94, 96, 112

    autônoma, 80

    bruta, 95

    e corpo, 94, 103-104, 114, 116

    e real, 132

    e silêncio, 124

    e simulacro, 129

    e sintoma, 13, 110

    em liberdade, 100

    escutar outra, 12

    esquecimento de, 98

    falta na, 123

    forma da, 135

    invenção de, 88

    jogos de, 85

    Juízo Final da, 142

    leis da, 48

    limite da, 124

    loucura da, 104

    meia-, 63

    tátil, 116

    tomada de, 131

paradigma, 55, 80, 105, 108

paradoxo, 63, 69, 85, 106, 141

paralelismo, 81-82, 84

pensamento

    amorfo, 55

    expressão do, 60

    suporte do, 64

performativo, 34, 64

pintura, 74, 95

178 ÍNDICE REMISSIVO

poema
  fim do, 105-106
  fracasso do, 125, 127
poesia
  amorosa, 114, 127
  dita, 128
  e amor, 125
  e ciência, 124
  e corpo, 104
  e emergência, 107
  e êxito, 105
  e fracasso, 105-107, 110, 125, 127
  e gramática, 136
  e jogo, 105
  e limite, 103
  e língua, 13
  e loucura, 140
  e metáfora, 107-108, 134
  e metonímia, 134-135
  e mistério, 125
  e morte, 135
  e música, 94
  e permanência, 90, 136
  e real, 109
  e risco, 11
  e sentido, 109, 114
  e tempo, 118, 134
  e verdade, 131-132
  e violência, 99, 106
  escrita, 128
  sonora, 100, 128

poeta, 13, 34, 43, 47, 67-68, 75, 79-81, 83, 88-89, 91-93, 97-99, 101-103, 105, 107, 114, 124-125, 128, 131, 134, 136-137, 139, 141
  apagamento do, 99
  fracasso do, 105, 107
  função do, 125
  saber do, 67, 80-81, 92, 99

poética, 12, 20-21, 67, 74-75, 81-83
  criação, 112
  escrita, 108, 110-111, 132
  impossibilidade, 107
  mensagem, 47, 136
  obra, 104
  palavra, 116
  prosaica, 128
  verdade, 113
  voz, 97

polissemia, 112, 129
positividade, 84
prazer, 67, 103
  princípio de, 105
pronome, 34, 65
prosa, 93, 106-107, 135-138
  poética, 128

pulsão, 94, 116, 138

R

receptor/destinatário, 75-76, 79

referente, 75, 79, 82, 87, 90, 130, 134-137

registro

imaginário, 50, 87, 129, 140

real, 34-35, 50-52, 64-65, 109-111, 114, 132, 140-141

simbólico, 50, 61, 97, 104, 109, 123, 129

religião, 44, 47

remetente, 75-76, 79

repetição, 34, 77, 84, 86-87, 90, 105, 114, 116, 139

ressonância, 13, 58, 86, 96-97, 101, 105, 114, 128, 137

retorno

a Freud, 118

à natureza, 106

do mesmo na língua, 33, 65, 82, 84, 111, 133, 136, 138

verso como, 138

rima, 101, 127

ritmo, 86, 93, 96, 101, 115, 128, 133

ruído, 60, 85-87, 97, 116

S

segmentação, 20, 30, 31, 35, 49, 66, 85, 133

segredo/sigilo, 123, 131

semântica, 30, 77, 106

semelhança, 29, 33, 84, 90

sentido, 13, 21-22, 35-36, 43, 54, 56, 59, 61, 89, 91, 93-99, 105-107, 127-130, 133, 135, 137, 140

(im)passe de, 89

abismo do, 107, 112

construção do, 135

duplo, 63, 113-114, 129

e forma, 125

e som, 56, 105-107, 115, 125

esvaziamento do, 113

inundação de, 105, 110

tamponamento do, 88, 93

ser, 51

de linguagem, 96

e ressonância, 96

falante, 86, 102

significação, 54-56, 66, 78, 88-89, 95, 110-111, 113-114, 116, 126-127, 133-134

significado, 49, 54-55, 59, 82, 87-88, 90, 104, 109, 129, 130, 134

significância, 135

significante, 48-49, 53, 55, 59, 61-62, 84, 90, 94-95, 99, 104, 108-110, 112, 114-116, 129-131, 134

   cadeia, 28, 56, 62, 64-66, 80, 108

   concatenação, 53

   função propriamente, 135

   linearidade, 49

   novo, 109

signo, 42, 55, 59-61, 83-84, 90, 110, 112, 134

   barra, 59, 130

silêncio, 47, 58, 124, 143

simetria, 79, 127, 139

similaridade, 77, 139

simulacro/semblante, 31, 87, 109, 112, 126, 129

singularidade, 13, 29, 50, 55-56, 78, 91, 105, 111

sintagma, 55, 80, 105

sintaxe, 27, 30, 79, 100

sintoma, 110-112

sobre-nome, 107

som, 13, 21, 34, 43, 53-54, 59, 81, 86-87, 89-91, 95-96, 100-101, 105-107, 135, 141

   descompassos do, 58

   e ruptura, 59

   e sentido, 56, 105-107, 115, 125

sonho, 86, 99, 117

sotaque, 95

sujeito, 28, 33, 35-36, 43, 54, 56-57, 64-66, 79-80, 87, 97-99, 107-108, 110-114, 118, 128, 136-137

   à língua, 33

   apagamento do, 97

   da ciência, 92

   da língua, 33

T

tempo

   consecutividade, 49

   desgaste do, 116

   do poema, 117

   fora do, 91

   futuro, 75, 118

   futuro anterior, 118

   futuro do presente, 118

   passado, 117-118

   presente, 117-118

   presente do indicativo, 117-118

   pretérito, 118

todo/totalidade, 28, 31, 84, 116, 137

traço, 29, 85, 130

tradução, 13, 42, 44

U

um/unidade, 29, 31, 55, 77, 85-86, 89, 107, 109, 112, 139-140

V

vazio

da linguagem, 133

e linguagem, 107, 133

gramática e, 136

mediano, 141

sujeito e, 64

vocábulo, 114, 126-127

verdade, 21, 45, 56, 111, 113, 123-124, 129, 132-134

meia, 67

varidade, 21

verso, 11, 41-42, 45-47, 53, 65, 74, 101, 112, 114, 136, 138

branco, 101

livre, 101

primário, 133

versura, 138

vibração, 85-86, 96, 107, 115-116, 125, 141

voz, 43, 64, 94-98, 100-102, 115-116, 128

ação vocal, 94, 107

aparelho vocal, 135

figura vocal, 43

gozo vocal, 95

trabalho vocal, 100

Impressão e Acabamento

(011) 4393-2911